甲州・樫山村の歴史と民俗　III

近世の樫山村・浅川村 および「村」成立過程　序

──「地名考」「文書・御水帳分析」「聞取り調査」から──

大柴弘子

鳥影社

緒　言

　本書は甲州・樫山村および浅川村（両村は明治8年に合併して清里村となる）の文書および聞取り調査から、近世の「村」社会および暮らしを探求することを目的とする。

　樫山村、浅川村の歴史は、『甲斐名勝志』（1783）、『甲斐国志』（1814）、『甲斐叢記』（1851-1893）、『甲斐国社記・寺記』（1868提出）、『甲斐地名辞典（大日本地名辞書）』（1900-1907）、『日本神社名鑑』（1904）[注1] などの内に部分的に記されて在る。樫山村、浅川村の歴史は、古書と歴史伝承を参考に記述されたこれら歴史業績を基に語られている。近年になり『高根町誌』（1990刊）の中の近世史においては、旧樫山村・浅川村はじめ旧村々について近世の文書資料の提示や実地調査探索がなされているが[注2]、現在、このような実証的研究は稀である。先人の残された偉大な歴史業績を基に実証的調査研究を加味し再検討していくことは今後の課題とも云える。

　本稿では、従来の「歴史諸書」に記されている事柄・伝承を踏まえた上で、『高根町地名誌（1990)』および『御水帳』（慶長、寛文）文書分析に加えて、現地での伝承や聞取り調査を合わせて探索を試みる。検地帳資料を主にした近世村の研究は全国的に報告が在るが、数・内容ともに少ない。甲斐の国中・逸見筋（現在の北杜市・高根町のあたり）については旧村の西野村・上津金村・篠原村・長沢村・河原部村などの報告があるが[注3]、樫山村、浅川村は本稿が初めてになる。

　ここで、次の2点について前置きしておく。

　一つは、慶長と寛文「御水帳」の解読・分析については結果が膨大になり、本稿では主に単純分析結果（一次分析）の提示と若干の考察を添える形とした。この単純分析結果（一次分析）と考察を基に、次の段階にさらなる村社会の歴史を探索する作業に繋げていくことになる。また、このような文書資料と伝承や聞取り調査を合わせた手法で見て行く中で、従来の「歴史諸書」で記され云われている事項に疑問や矛盾も見られた。この度の甲州・樫山村・浅川村（明治8年以降は清里村）の歴史探索は初めての試みであり、ここでの結果と考察は次の課題へ繋げる資料とする。

　二つ目は、本稿では樫山村および浅川村を一緒に取り上げた。『甲州・樫山村の歴史と民俗　Ⅲ』（続編）として、本稿では樫山村と浅川村を一緒に見て行く。その理由は、明治8年に樫山村と浅川村が合併し清里村が成立しており、両村は異なるものの混然としている部分がある。例えば、慶長から寛文時に樫山村耕地の真ん中に浅川村耕地が増大すること、樫山村を2分して浅川村（西）が細長く位置すること、浅川村の産土神の起源となる「玉野権現」発祥地と云われる字「お玉石」が慶長時には樫山村に属していること、慶長・寛文時における入作の混交状態、また、浅川村と浅川姓の関係不明、浅川姓は浅川村

に無く樫山村にあることなど。これらにより両村を一緒に見ていくことで、近世の「村」
成立過程や歴史を知る手がかりにもなると考える。

資料・整理方法：

1）樫山村「地名考」（A　第一章）、浅川村「地名考」（B　第一章）については、『高根
　町地名誌』（高根町郷土研究会編 1990）内の「清里村」（文責：大柴宏之・谷口彰男）[注4]
　に基づき加筆した。「清里村地名誌」では、慶長・寛文「御水帳」に在る字を基に調査
　探索を試みていて、本稿ではこの論考が基で更に詳細に慶長・寛文御水帳の解読・分
　析を行うことになった。そして、慶長・寛文御水帳の解読・分析により「清里村地名誌」
　を部分的に修正・加筆した。本稿で取りあげる文書資料は、『慶長七年　甲州逸見筋樫
　山村御水帳』、『寛文六年　甲州逸見筋樫山村御検地水帳』、『慶長七年　甲州逸見筋樫
　山之内浅川村御水帳』、『寛文六年　甲州逸見筋浅川村御検地水帳』（以下、「検地帳」と
　も記す）、およびその他の文書資料の調査に基づく。以下、「御水帳」資料の概説と整理
　方法について記す。

2）「御水帳」の概要と整理方法

　　「御水帳」とは、検地の結果を村単位で集計しまとめた帳簿のことで「水帳」「検地
　帳」とも云う。本書での慶長7年（1602）『御水帳』は徳川氏の国奉行大久保石見守長
　安の、いわゆる「石見検地・大久保縄」といわれるものである[注5]。樫山村、および浅
　川村では初めての検地である。また、寛文6年（1666）『御水帳』は甲府藩主徳川綱重
　の就任時に行われた検地で（木村・藤野・村上　1995：331）[注5]、樫山では歴史上大事
　なこととして「寛文御縄受」の伝承がある（大柴　2010：99）。

　　検地帳の表紙や巻末には、検地が行われた村・実施日・担当役人が記され、内容は一
　筆ごとに字地・土地の規模（間×間）・地目（種類―田畑山林など）と品位（上・中・下・
　下々）・面積（町・反・畝・歩）および名請人（※ひじり、おし、牢人、なども）が記され
　ている。また、屋敷地は屋敷検地帳として、一筆（一戸）ごとに戸の規模（間×間）・
　面積（町・反・畝・歩）・屋敷名請人名が記されている。最後に検地をおこなった村全
　体の総計石高（記されていない箇所もある）が記されている。まず、資料整理に当たっ
　ては、検地帳の初から頁番号を付け（便宜上冊ごと）、初出順の字名に番号と筆数を記
　していく作業の後に、字名・筆数の一覧表を作成した。この時、再出の地名について
　は番号の脇に初出地名番号を記して一覧表を作成し集計・分析作業を行った。

　　なお、「御水帳」はじめ「古文書」中においては同字地が異なる文字で表記されてい
　ることが見られる。例えば、かな文字と漢字（あつま・あづま・東、など）、澤と沢（深
　澤・ふか沢・深沢、中澤・なか沢・中沢、長澤・長沢、など）、窪と久保、舟ガ川とふねか
　川、など。これらを解読文ではそのまま記したが、本文中では両方使用もある。

本文の構成と内容：

A、B、C、D、4つの構成とする。

　Aでは、樫山村「地名考」と「検地帳解読分析」を記す。Bでは、浅川村「地名考」と「検地帳解読分析」を記す。AおよびBの第一章では、慶長7年、寛文6年、明治8年、平成現在の地名（字）に基づき、歴史・変遷を考察する（※以下、地名・字地・字は同意に用いる）。AおよびBの第二章では、「地名考」の資料とした慶長および寛文「御水帳」の解読・分析結果を示し、最後に慶長と寛文時の田・畑・屋敷の比較を示した。AおよびBの第三章では、第一章と第二章の結果から新たに見えてきた事柄や疑問点のまとめと考察を記した。

　C「近世の樫山村・浅川村」では、A「樫山村」、B「浅川村」のまとめ（各　第三章）の中から疑問や問題点、またそれに関連した村社会について、次の事項を取りあげる。慶長から寛文時の石高増加と住民離散伝承（第一章）、「玉野権現」誕生と集落・郷・村（第二章）、慶長から寛文時の樫山村・浅川村の入作実態（第三章）、そして、最後に「御水帳」に記されている「寺社関係」などの名請人から見える歴史（第四章）、以上の結果と考察を記す。

　最後に資料として、D「『貞享三寅年　き里志たん穿鑿[?]　樫山村』解読分析」を付記した。

　注
注1）以上について著者および著述の時期について年代順に見ると、萩原元克『甲斐名勝志』（1783刊）、『甲斐国志』（幕府の内命をうけて1806に着手1814刊）、大森快庵『甲斐叢記』（1851-1893刊）、『甲斐国社記・寺記』（1868年甲府寺社総轄役所に提出され、刊行は1966～1969刊）、吉田東吾『甲斐地名辞書（大日本地名辭典）』（1900-1907刊）、北村徹『日本社寺名鑑　巻之一甲斐国』（1904刊、国粋保存の志を期し予約者を募集し本書成る）。
注2）『高根町史　通史編上巻』（1990年刊）の第四編の「第三章　近世」（執筆者　手塚洋一、安達　満）では、近世の樫山村、浅川村はじめ高根町の各旧村について、文書資料・村明細帳の提示と調査分析が行われている。
注3）検地帳や宗門帳に基づく近世農村の主な研究には次がある。
　・花輪正徳　1959「近世初期検地と村落構造──西野村資料を中心として──」『甲斐史学』6号
　・花輪正徳　1965「近世初期検地と農民階層──山梨県北巨摩郡上津金村の場合──」『甲斐史学』丸山国雄会長還暦記念特集号
　・柴辻俊六　1974（篠原村）「甲斐国における近世的村落の展開過程──慶長一国総検地の歴史的以後──」磯貝正義・村上直『甲斐近世史の研究　上』雄山閣
　・斉藤　博　1974（長沢村）「近世甲州農村の形成と農民の身分格式──下人・譜代下人・抱屋・門屋・本百姓をめぐって──」磯貝正義・村上直『甲斐近世史の研究　上』雄山閣
　・大館右喜　1975（河原部村）「近世初頭における農民層の存在形態──甲斐国逸見筋を中心

として」『徳川林政史紀要』

注4）文責者2名の他に22名の協力者により調査、刊行された。協力者22名は、浅川勝平氏
（明治40年生　前高根町町長）、利根川武男氏（明治45年生　『高根町誌　民間信仰と石造
物編』編者）はじめ、当時の樫山、念場、浅川の先輩住民たちである（協力者名は『高根町
地名誌』を参照されたい）。

注5）山梨県（当時の甲府藩）における最初の検地は、ほぼ全国的な統一基準で実施されたいわ
ゆる太閤検地であった。これは、慶長元年から翌二年（1596-97）にかけ浅野氏（弾正少弼）
により実施され、貫文制が石高制度で表示されることになった最初である。この検地を郡内
では「古」、国中で「弾正縄」と呼ぶが、村の堺域が定められ村ごとに実施したもので（「村
切り」といった）、ここに近世の村が成立する。現在、この検地帳は郡内4ヵ村のみ残って
いるが、国中（山梨郡、八代郡、巨摩郡）においては確認されず。この後、徳川幕府により
いわゆる「石見検地」（「大久保縄」とも云う）が行われた。これは、江戸幕府の代官頭大久
保石見守長安が行った検地で、一般に慶長年間（1596-1615）に武蔵、甲斐、美濃、越後、
石見の各国などの支配所で実施された検地をさす。甲斐一国の検地は、慶長6～7年（1601-
02）にかけて行われた。この後、甲府藩では寛文4年（1664）から元禄にかけて検地が実施
され、巨摩逸見筋・西郡筋の検地は寛文6年（1666）に行われた。この時期の甲府藩は財政
難にあり、家老新見但馬守正信は年貢を上げて財政難をのりきろうとし、また検地を強引に
推し進めたことで、農民の門訴・抗議、逃散などが起きたという時代背景がある。(以上は、
山梨県　2006：344-350、木村・藤野・村上　1995：330-332、山梨郷土研究会　1992：
96-97、服部　1981：34-40、参考）。

甲州・樫山村の歴史と民俗　Ⅲ

近世の樫山村・浅川村および「村」成立過程　序
──「地名考」「文書・御水帳分析」「聞取り調査」から──

目 次

B　浅川村　地名考および『御水帳』分析による歴史と変遷

C　近世の樫山村・浅川村

D（資料）『貞享三寅年　き里志たん穿鑿 ? 　樫山村』解読分析

A

樫山村

地名考 および『御水帳』分析による歴史と変遷

はじめに

　第一章では、樫山村における慶長、寛文、明治、平成の地名比較から歴史を辿る。第二章では、慶長・寛文の『御水帳』解読分析結果を示す。そして、第三章では以上の第一章、第二章のまとめと若干の考察を記す。

　なお、第一章は『高根町地名誌』（1990　高根町郷土研究会編）の中の「清里村」（文責　大柴宏之・谷口彰男）に基づく（引用または部分的に筆者が加筆・修正した）。

　以下、本文中では「字」「字名」「字地」「地名」は同じ意味で使う。また、『御水帳』は「検地帳」とも記して両方を用いる。なお、古文書中の解読不能な文字は□と記した。

第一章　樫山村地名考——慶長、寛文、明治、平成の地名比較

　位置、歴史、地名概要：高根町の東北端で、八ヶ岳の東南麓標高 1,000m から 1,400m に位置する。樫山の地名は古代の甲斐三官牧の一つである柏前牧の柏の変じたものともいう。天正 10 年 9 月 9 日（1582）の徳川印判状の写しによれば、徳川方に属し戦功のあった津金衆の一員津金胤久の所領であった。

　樫山村は江戸中期から明治 8 年までの村名で、巨摩郡のうち逸見筋に属した。明治 8 年浅川村と合併し清里村大字樫山となる。昭和 31 年高根村に編入。昭和 37 年高根町の大字、同 39 年清里と改称する。

　集落は平成 2 年時、東原、上手、西村、駅前、八ヶ岳、東念場、下念場、朝日ヶ丘、學校寮がある。

一節　検地帳に在る字、明治期における役場登録の字

1．慶長 7 年（1602）『甲州逸見筋樫山村御水帳』に在る字

　小倉境、川はた（A ※同名異所 B）、ふねの沢、とちの木沢、村の井、あつま、志たい山、いつもかいと、宮の平・宮平、はしば、小尾口、三つくら、あまくぼ、志やくし、大久保浅川分、かわぎし、うへの田、東沢、□□□、ひかげた・日影田、上ふか澤、どろそこ、ふか澤のはけ、田志り、さかりかわ、ほそくぼ、西原、三年澤・三祢の澤、堂うの後、村の後、まつはのそり、おたまいし窪、中澤、なか澤の上、ひ草は、いけのくぼ、おたまいし窪・おたまいし、つきの木坂、川また・川俣、川はた（B ※同名異所 A）、とのそこ、（以下、屋敷検地帳）善福寺

以上　字数 42（41＋屋敷検地の善福寺 1）

2．寛文 6 年（1666）『甲州逸見筋樫山村御検地水帳』に在る字

　小倉境、小倉沢、犬倉、あずまわ、川東、小倉堺東、はんの木、小坂、あふきのせ、大久保、葛原、小尾口、はなれやま・はなれ山、そまあま、うすいくぼ、長原、うすいか原、ぬく湯、高念仏、いぼ石、三つくら、馬のり石、やすみ石平、やすみ石、ゆふゆふ、みさき、とちの木沢、上の原、道下、古屋敷、東村の内、ふなくぼ、中原、村の内、上の田、番屋、ひかげ田、清水坂、日影田、わだの平、東沢、ふじつか、屋竹谷、篠の・志

の、はちくぼ、□つか、大うさき沢、ごうし沢、兵衛田、こうじざわ・江地沢、やまだ、江地沢南又、こうさき沢、こひかげ、大窪、まいまい坂、橋場、松ひら、崖の坂、西のくぼ、ひかけ田、地蔵堂、志だい村、ほうの木畠、ふねヶ沢、ふねヶくぼ、いつもかい道・いつもかいと、たかはたけ、三祢のさか、くぞ橋、三祢の坂神前、地蔵堂川向、こあつま、大あつま、塩川、とちくぼ、中原、川窪、とちくぼ沢、さかり河原、たはた、おねきわ、わてくぼ、やねぎわ、村の内、さす、高橋、ゑど、ゑどくち、坂田本、はねつくし、田の尻、堂の後、深沢はけ、清水窪、上深沢、下深沢、坂下、どのそこ、むぎつき屋敷、海田、中河原、たいら畑、東の窪、水金沢、湯柳、湯柳道下、松の木沢、松の木原、広原、川又、尼小舎、つきのき坂、めうと石、大明神窪、しんきょう屋敷、清次窪、中沢、松場のそり、下まつば、道上、松の木原、はんの木、上まつ場そり、お玉石、池の窪、ひくさば、池の窪、村の内、ははきてん、抜畑、なきの窪、小屋林・こやはやし、湯戸、宮の脇、丸山、丸山屋敷の内、西田・にし田、から沢、宮の前、崩の坂、西原、とのそこ・どのそこ、ふなくぼ、西原村の内、南新居、（以下、屋敷検地帳）泉福寺、山王領、地蔵領、天神領、大六天神領、神明領、観音領

以上　字数153（146＋屋敷検地の泉福寺など7）

3．明治8年編纂　役場に登録された小字と地番

A－表1．役場に登録された小字と地番（明治8年編纂「清里村大字樫山分見図」より）

小字	地番	小字	地番
1．小倉	1 ～ 178	11．西村の内	2,070 ～ 2,167
	4,092 ～ 4,100	12．上村の内	2,168 ～ 2,518
2．長原	179 ～ 481	13．羽根尽	2,565 ～ 2,910
3．上の原	482 ～ 486	14．下深沢	2,911 ～ 3,230
4．東村の内	487 ～ 756	15．上深沢	3,231 ～ 3,349
5．篠鉢	757 ～ 912	16．塩川	3,350 ～ 3,407
6．合子沢	913 ～ 1,114	17．念場原	3,446-1 ～ 3,446-339
7．大久保	1,115 ～ 1,261		3,523 ～ 3,646-2
8．日影田	1,267 ～ 1,526	18．念場	3,477 ～ 3,531
9．泉海道	1,527 ～ 1,846	19．月の木	3,647 ～ 3,680-3
10．久保川	1,847 ～ 2,069	20．海田	3,881 ～ 4,086

二節　樫山村──明治、平成、慶長、寛文の地名比較一覧

　明治6年に役場登録された小字名と地番（A－表1．）に在る小字名を基本に、平成2

年現在において左に該当する小字を記した上で、その字に該当する慶長７年と寛文６年の樫山村検地帳に在る字を記した。その際、小字およびその地名に関する聞取り調査を行い、伝承および古文書に記載されている事柄などを付記した。明治６年登録の小字を基に調査の結果、古い字についてはすでに不明になっていて手がかりの摑めない地名もあった。

　樫山村―１.（大門川東岸地区）および**樫山村―２.**（大門川西岸地区）、に分けて、以下の一覧表に記す。

　下表の※１、※２、※３は、以下の如くである。
※１　役場に登録された小字と地番（Ａ－表１.）。No. は整理上、記載順に沿って筆者が付けたものである。
※２　平成２年現在使用、あるいは記憶にある小字名。①‐⑩⑨（**樫山村―１**）、①‐㊼（**樫山村―２**）の地名場所は地図に示す。（Ａ－地図１.　Ａ－地図２.）
※３　◎は慶長７年（1602）樫山村検地帳に、○は寛文６年（1666）樫山村検地帳に、それぞれに記載されている字を示す。
　　　◎○後の番号は字の初出順番である（**第二章参照**）。

１.　樫山村―１（大門川東岸地区）

明治８年 （1875）		平成２年 （1990）		慶長７年（1602）および寛文６年（1666） 樫山村検地帳　※３		
No. 小字　※１		No 小字　※２		慶長	寛文	文献記載、伝承、その他
1	小倉 （コグラ）		小倉 （コグラ）	◎	○	◎1.「小倉境」がある。 ○1.「小倉境」があり、2.「小倉沢」、6.「小倉境東」もある。 〈国志〉に「小倉」あり。 〈山梨県地誌稿〉に「小倉山」「東小倉」「西小倉」がある。
		①	小倉沢 （コグラザワ）		○	○2. 長野県南佐久郡南牧村平澤との県境の沢で川が流れている。県境がはっきりせず昔からしばしば争いがあり、近年国調で最終的に県境が確定した。
		②	犬倉 （イノグラ）		○	○3.「犬倉」。イノグラと云っている。
		③	こもっ川 （カワ）			〈樫山村区有文書〉には「小茂川」とあり、「大門川」に対する「小門川」であるとも云われている。信州平沢村にも「小茂川」は記されている〈南牧村誌〉。

④	<ruby>東<rt>アズマ</rt></ruby>	◎	○	◎6.「あつま」がある。 ○4.「あずまわ」、85.「こあつま」、86.「大あつま」もある。
⑤	<ruby>菖蒲川<rt>ショウブガワ</rt></ruby>			
2 **<ruby>長原<rt>ナガハラ</rt></ruby>** <ruby>長原<rt>ナガハラ</rt></ruby>			○	○16.「長原」。
⑥	<ruby>松尾根<rt>マツオネ</rt></ruby>			「一本松」とも云い、昔「あみだ堂」があった。
⑦	<ruby>奉の木<rt>ホウキ</rt></ruby>		○	○68.「ほうの木畑」がある。
⑧	ふとう			〈樫山村区有文書〉には「富と富」とある。
⑨	ぬくえ		○	○19.には「ぬく湯」がある。 温かい水が湧いており、冬雪が直ぐ解けると云われている。昔は畠を耕していたが今は山になっている。
⑩	おいのせ		○	○9.「あふきのせ」がある。 〈樫山村区有文書〉には「扇の瀬」がある。
⑪	<ruby>半の木<rt>ハンキ</rt></ruby> ※		○	○7.「はんの木」がある。 ※○143.念場にも「はんの木」がある
⑫	<ruby>馬のり石<rt>ウマイシ</rt></ruby>		○	○23.「馬のり石」。岩が馬の形をしている所からついた地名と思われる。
⑬	みつぐら	◎	○	◎12.13.「三つくら」がある。 ○22.「三つくら」がある。
⑭	<ruby>ぬくえ山<rt>ヤマ</rt></ruby>			〈樫山区有文書〉には「<ruby>税油山<rt>ヌクユヤマ</rt></ruby>」・「<ruby>税湯山<rt>ヌクユヤマ</rt></ruby>」「ぬくゆ山」がある。
⑮	<ruby>小坂<rt>コサカ</rt></ruby>		○	○8.「小坂」がある。
⑯	ゆぶゆぶ		○	○26.「ゆふゆふ」。矢竹山の麓に「温泉」と云われている所があり、その附近をいう。昔温泉宿もあり、皮膚病に効能があったと云う。
⑰	<ruby>はけの平<rt>タイラ</rt></ruby>			
⑱	<ruby>なぎの窪<rt>クボ</rt></ruby>			〈樫山区有文書〉のは「難の窪」とあり、長野県南佐久郡川上村に通じる路で岩石の多い難所であったと云う。
⑲	<ruby>大平<rt>オオヒラ</rt></ruby>			
⑳	<ruby>平<rt>タイラ</rt></ruby>			
㉑	ぞうじば			矢竹山のすそにあり、昔僧が畑を耕していたと云う。 〈樫山区有文書〉には「惣はた」があるが、同一所かどうか不明。

㉒	小尾 口 オ ビ クウジ	◎	○	◎ 11.「小尾口」、○ 12.「小尾口」がある。増富街道の途中に在り、石投げ地蔵（小石を投げるとどんな病も治る）もある。
㉓	八王子山 ハチオウジ ヤマ			比叡山延暦寺の鎮守「日吉神社（山王権現）」の御神体山が「八王子山」であり、「八王子山」は当地の「日吉神社」のほぼ真東にあたる。
㉔	八王子 平 ハチオウジ ダイラ			〈樫山村区有文書〉に「ハチヲヂ平」がある。
㉕	尼子山 アマ コ ヤマ	◎	○	◎※ 14.「あまくぼ」がある。〈山梨県地誌稿〉に、「笠無山　津金山ノ脈蜿蜒域内ニ綿亙シ東ハ増冨村南ハ津金村ト山背ヲ境ス離山、勢須山、尼子山等ノ分名アリ笠無ハ分名ノ高山ナリ……」とある。 また、「尼っこ」「あまっこ岩」が小倉寄りの山の位置に在る（A−**地図1**. 清里小字図1. ※㉕）
			※	※○ 116.「尼小舎」、131.「尼小屋」もあるが、こちらは西地区の念場「つきの木」の位置になり、場所が異なる。
㉖	矢竹山 ヤ タケヤマ		○	○ 44.「屋竹谷」とある。 〈甲斐国志〉に「矢竹山　樫山村ニ在ル一孤山ナリ昔時竹箭ヲ産シ貢物トナルト云フ残間風土記逸見ノ郷ノ条下ニ武庫之下知ニ依リ則冑矛矢等ヲ献ズルト見エタリ此辺ヨリ貢セシカ今ハ雑木ナリ」とある。
㉗	いぼ石 イシ		○	○ 21.「いぼ石」「いほ石」がある。 〈樫山区有文書〉には「いぶ石原」がある。
㉘	高念仏山 タカネンブツヤマ		○	○ 20.「高念佛」がある。「小念仏」という所もあると云う。
㉙	うすい久保 クボ		○	○ 17.「うすいか原」もある。
㉚	大久保 オオクボ		○	○ 10.「大久保」。
㉛	小尾 峠 オ ビ トウゲ			〈甲斐国志〉に「小尾嶺」とあり「御門ヨリ西方樫山ニ達スル山径ナリ」とある。
㉜	はなれ山 ヤマ		○	○ 13.「はなれやま」。 〈樫山区有文書〉には「花連山」とあり、〈山梨県地誌稿〉には「離山」とある。
㉝	菅の窪 スゲ クボ			水神が祀られている。
㉞	でず			「峡通」と思われ、〈山梨県地誌稿〉には「勢須山」がある。須玉町ではこの山を「ゼウス山」と呼び、昔隠れキリシタンが此処に住んでいたと云う。

	㉟	杣馬 （ソマウマ）		○	○14.「そまあま」とある。
	㊱	まこ岩 （イワ）			〈樫山区有文書〉に「まこ岩」とあり、「笠無山」の東の三角形にとがった山を云う。
3　上の原		上の原 （カンバラ）		○	○29.「上の原」がある。現在「カンパラ」と云う。
4　東 村の内 （ヒガシムラ）（ウチ）		東原		○	○32.「東村の内」がある。東原集落を云う。「ヒガシハラ」「ヒガシッパラ」と云っている。
	㊲	舟久保 （フナクボ）	◎	○	◎3.「ふねの沢」がある。 ○33.166.「ふなくぼ」とあり、69.「ふねヶ沢」、70.「ふねヵくぼ」もある。 〈甲斐国志〉には「舟窪」とあり、〈樫山区有文書〉には「鮒久保」とある。 東原集落の中心位置に在る所を云う。
	㊳	向こ屋根 （ム）（ヤネ）			東原用水の東を云い、昔「あみだ堂、あたご堂」があった。現在は「秋葉さん」が祀られている。
	㊴	みさき		○	○27.利根川マキの氏神「利根神社」があり、その附近をいう。境内には昔「上原」（カンバラ）にあった「風の三郎社」が移祀されている。また、南50米ほどの所に「いぼ水石（いぼ神さん）」がある。
5　篠はち （シノ）		篠はち （シノ）		○	○46.「篠のはちくぼ」「志のはちくぼ」がある。
	㊵	碓井山 （ウスイヤマ）			
	㊶	東沢 （ヒガンジャ）	◎	○	◎19.「東澤」、○42.「東沢」がある。「ヒガンジャー」と云っている。
	㊷	小兎沢 （コ ウサギザワ）		○	○56.「こうさぎ沢」とある。48.「大うさぎ沢」もある。
	㊸	兎沢 （ウサギザワ）			
	㊹	和田沢 （ワダンサワ）			
	㊺	狐窪 （キツネクボ）			
	㊻	ふじ塚 （ヅカ）		○	○43.45.「ふじつか」、"藤が多いから"と云う、信仰の場と思われ、小高い塚がある。
	㊼	ばら日影 （ヒ カゲ）			〈樫山区有文書〉に「荊日影」とある。
	㊽	大笹 （オオザサ）			
	㊾	鳩むね （ハト）			鳩胸の様な形をした山で〈山梨県地誌稿〉には「鳩棟山」とある。

6	合子沢 (ゴウジャ)		合子沢 (ゴウジャ)		○	○ 49.「ごうし沢」、51.「こうじ沢」、52. 55.「江地沢」、54.「江地沢南又」がある。「ゴウジャ」と云っている。
		㊿	山田 (ヤマダ)		○	○ 53.「やまだ」
		51	大兎沢 (オオウサギザワ)		○	○ 48.「大うさぎ沢」、56.「こうさぎ沢」もある。
7	大久保 (おおくぼ)		大久保 (おおくぼ)	◎	○	◎※ 16.「大くほ浅川分」があり、○※ 58.「大窪」がある。
		52	大久保川原			〈樫山区有文書〉に「大久保瓦」がある。
		53	川原 (カワラ)			
		54	めいめい坂 (ザカ)		○	○ 59.「まひまひ坂」「まいまい坂」とある。
		55	橋場 (ハシバ)	◎	○	◎ 10. 20.「はしば」「□□□」がある。○ 60.「橋場」がある。※［清里―2］にも同名あるが異所。
		56	すまし平 (タイラ)			〈樫山区有文書〉には「菅干平」とある。旧高根東北小学校（清里小学校）のあった所。
		57	しょうゆ田 (タ)		○	○ 50.「兵衛田」があり、〈樫山区有文書〉にも「兵衛田」がある。
		58	馬捨場 (ウマステバ)			〈樫山区有文書〉のは「斃馬捨場」とある。東原集落に在り死んだ馬を捨てた所。
		59 60	一の久保 (イチ クボ) 二の久保 (ニ クボ)			凹地のやや広くなった所を、それぞれ「一の久保、二の久保」と云う。浅川村へ通じる路があったと云われ、古くは甲信の主要道路でもあったと云う。
		61	鉢山 (ハチヤマ)			鉢の形をしているためこの名がついたと云う。
8	日影田 (ヒカゲダ)		日影田 (ヒカゲダ)	◎	○	◎ 22.「ひかげ田」。○ 38. 79.「ひかげ田」、64.「日かけ田」、40. 81.「日影田」がある。
		62	ずんぐり坂 (サカ)			〈樫山区有文書〉には「曲坂」とある。
		63	くど橋 (ハシ)		○	○ 77.「くぞ橋」、天神橋の少し上流にあった橋。
		64	松平 (マツデエラ)		○	○ 61.「松ひら」とあり、妙見様を祀って在り、津金マキの祝神がある。
		65	上田 (ウエダ)	◎	○	◎ 18.「うへの田」とあり、○ 36.「上の田」とある。

	⑥⑥	センプク ジ アト 千福寺跡	◎	○	◎屋敷検地の部（153頁）に「善福寺」がある。 ○屋敷・寺社の部（360頁）に「泉福寺」がある。 〈甲斐国志〉に「天岳山千福寺　臨済宗上津金海岸寺ノ末黒印三百坪本尊ハ釈迦ナリ」とある。江戸時代に「久保」に移築された。明治の廃仏毀釈により廃寺となり、跡地に明治6年学制に伴い津金支校を開校、現在はその跡に「万霊塔」一基が残っている。
	⑥⑦	バン ヤ 番屋		○	○37.「番屋」。 〈国志〉に「舟窪ト云フ所ニ関所ノ迹存セリ後ニ今ノ路ヲ開キ浅川ニ番所ヲ移ス険軽々易シト云フ」とある。 また、〈山梨県地誌〉には「口留番所跡<small>クチドメバンショアト</small>」とある。 現在久保川（舟ガ川）に架かる「関屋橋」の地名が残り、その袂にある津金家が「鎌倉時代から名主をし、関守をした」と云われている。
9　泉 海道 <small>イズミカイドウ</small>		イズミカイドウ 泉 海道	◎	○	◎8.「いつもかいと」とある。 ○71.「いつもかい道」、73.「いつもかいと」とある。「逸見街道」とも云われ「樫山村」から「平沢」を通り「佐久」への道である。
	⑥⑧	コ 小あづま	◎	○	◎※6.「あつま」がある。 ○85.「こあつま」がある。
	⑥⑨	オオ 大あずま		○	○86.「大あつま」とある。85.「こあつま」がある。
	⑦⓪	タカハタ 髙畑		○	○72.「たかはたけ」、84.「高畑」がある。
	⑦①	テラ ヤ シキ 寺屋敷			慶長、寛文の時代には「千福寺」が在った所で、江戸時代に「久保」へ移ったと云われている。 〈国志〉に「樫山村ノ千福寺ハ本ト舟ガ川上ノ西方ニ在リシヲ本村ノ舟窪ニ移セリ人戸ハ寺ノ上へ小念ト云フ処ニ在リシトモ云フ又平沢村モ此処ヨリ戸ヲ移ス故ニ今モ平沢迹ト呼ベル処モアリト云フ」とある。
	⑦②	ミヤ　マエ 宮の前	※◎	○	○162.「宮の前」がある。かってこの辺りは小林マキが居住していたが、後に東原集落の所へ移ったと云われている。 ※◎9.宮の平

10　久保川 （クボカワ）	久保川 （クボカワ）			「久保川」を昔は、主に「舟ガ川」と云っていた。「舟ガ沢」もある。
	⑦73　神明社 （シンメイシャ）		○	○屋敷・寺社検地にある。〈甲斐国志〉神社部「山王権現」内に神明宮がある。天保8年の樫山村絵図（山梨県立博物館蔵『古四－392』）では山王権現の隣に神明宮が記されてある（A－絵図1. 2.）。神明社は大柴マキの祝神（イエージン）で、昭和20年代は西原集落の西の尾根に在った。
	⑦74　みねん坂 （サカ）	◎	○	◎※31.「三年澤」がある。 ○74.「三祢のさか」、76.「三祢の坂」があり、75.「三祢のさか神前」もある。
	⑦75　清水坂 （シミズサカ）		○	○39.「清水坂」
	⑦76　久保田 （クボタ）			
11　西原村の内 （ニシハラムラ）（ウチ）		◎	○	◎30.「西原」がある。 ○169.「西原村の内」がある。 〈樫山区有文書〉絵図面には、村の中央に「高札場」が描かれている。「西村」「ニシッパラ」と云っている。
12　上村の内 （カミムラ）（ウチ）	上村 （カミムラ）			一般的に「ワデムラ」と云っている、「上手村」と記すこともある。
	⑦77　おべえーし		○	○155.「小屋林」「こやはやし」がある。
	⑦78　柏 前神社 （カシワザキジンジャ）			「上村の内」西の尾根にあり、浅川マキのお宮がある。〈甲斐国社記寺記〉に「柏前神社祠　同村（樫山村）の内」とある。
	⑦79　湯戸 （ユト）		○	○156.「湯戸」。
	⑧80　前田 （マエダ）			
	⑧81　宮の脇 （ミヤ）（ワキ）		○	○157.「宮の脇」「宮のわき」があり、162.「宮の前」もある。
	⑧82　古屋敷 （フルヤシキ）		○	○31.「古屋敷」がある。
	⑧83　丸山 （マルヤマ）		○	○158.「丸山」、159.「丸山屋敷の内」。 丸山には峰上に「オテンゴウサン」の石の祠があり、昔は土用の三日間、日吉神社、風の三郎社、八ヶ岳権現社を参り、最期にオテンゴウサンへ参った、という。また、丸山東尾根には「厄神ガミサン」が祀られている。
	⑧84　彦右衛門畑 （ヒコウ ウ エ モンハタ）			文書に在るが、現在は一般的に云うことがない。

	㊄	ゴ アンドウ 御安堂 ※御安、あるいは後安、不明 （2010：70.79.参照）		○	○※屋敷・寺社の部（361頁）に「地蔵領」屋敷6畝歩、「観音領」下畑3畝9歩、が記され観音堂が御安堂に該当するか。「地蔵堂」の地名は複数存在する（65.67.82.）が、位置が不明。 現在「御安堂」と呼ばれている所は、泉福寺廃寺により寺の「御安観世音菩薩」（弘法大師作の伝承）を此処に移したと云われることから、以後、「御安堂」と云わたと推定される。それ以前よりこの場所は信仰と関わる地蔵、供養塔、庚申塔、御崎社等の石塔が集り、井戸や桜の巨木があった（現在は痕跡のみ）場所である。「御安堂」の跡地に、現在「上手」の集会所が立っているが、その場所は、樫山上手の共同墓地が出来るまでは大柴氏の墓所があった。 また、この場所は〈甲斐国社記寺記〉に「当山修験宗不動寺」とあり、〈若尾資料〉には「妙湛山不動寺（清水清達）樫山区にあり」とある。清水姓は東原集落に住居が在ったが昭和初期に他出し、現在樫山区に清水姓はない。
	㊅	でえらくでん		○	○検地帳に「屋敷2畝12歩　大楽院」がある。 〈甲斐国志〉には「当山修験祇園寺触下70箇院」の内に「大楽院　樫山村」とある。 現在では、「みねんさか」の下辺りを「でえらくでん」と云っている。
13　ハンヅクシ 羽根尽		ハンヅクシ 羽根尽		○	○105.「はねつくし」。「ハンズクシ」と云っている。
	㊇	エ ド クチ 江戸口		○	○101.「ゑど」、102.「ゑどくち」とある。
	㊈	ドウ ウシロ 堂の後	◎	○	◎32.「堂うの後」。 ○107.「堂の後」。
	㊉	ナカ オ ネ 中尾根			
	㊒	ヤ ネ 屋根ぎわ		○	○97.　※95.おねきわ
	㊑	ニシ ク ボ 西の久保		○	○63.「西のくぼ、西の窪」とある。
	㊓	シミズクボ 清水窪		○	○110.「清水窪」
14　シモフカサワ 下深沢		シモフカサワ 下深沢		○	○112.114.「下深沢」がある。109.「深沢はけ」もある。

	⑨③	どんぞこ	◎	○	◎ 25.「どろそこ」、45.「とのそこ」。 ○ 115.「どのそこ」、165.「とのそこ、どのそこ」がある。
	⑨④	中河原 ナカカワラ		○	○ 119. 130.「中河原」がある。
	⑨⑤	下河原 シタカワラ			
15　上深沢 カミフカサワ		上深沢 カミフカサワ	◎	○	◎ 24.「上ふか澤」。 ○ 111.「上深沢」。109.「深沢はけ」もある。
	⑨⑥	八ヶ岳権現 ヤツガタケゴンゲン			「大滝権現」とも云い、「風切り」の最北部に赤松の大木があり、その根元に石祠があり、「明和元年申八月日」と銘がある。〈高根町誌―民間信仰と石造物編〉(昭和59年)に「清里地区では三社参りと云って、八ヶ岳権現に雨乞いを、日吉神社に晴天を、風の三郎社に暴風雨除けを、部落の代表として当番が毎年7月1日より毎日一人代参した、これは終戦頃まで行っていた」と記されている。石祠西に建物跡が、現存する。
	⑨⑦	馬捨て場 ウマステバ			「上手」「西原」両地区の馬捨て場で、「風切り」の西北にある。
	⑨⑧	風切り カザキ			樫山地区の西に作られた大防風林である。〈甲州樫山村の歴史と民俗〉(2010)によると、風切りの松は「箕輪新町及上津金村心経寺山より松を持来たりて植付たもの」と伝承がある。
	⑨⑨	まこ岩 イワ			〈樫山区有文書〉には「墨岩」とある。
	⑩⓪	雨岩 アマイワ			
	⑩①	坂下 サカシタ		○	○ 113.「坂下」
	⑩②	よしが沢 ザワ			〈若尾資料〉筒粥の神事に「大門川辺ノ葭ガ沢ノ葭ヲ採リ来リ凡ソ一握位ノ長サニカツソギニ斬リ連綴シテ簾ノ如クシ粥中ニ投ジテ切リ煮ツム」云々とある。 現在も筒粥神事には必ず此処から葭を採る。
16　塩川 ショガワ		塩川 ショガワ		○	○ 87. 92.「塩川」。「ショガー」と云っている。
	⑩③	栃久保 トチクボ	※◎	○	※◎ 4.とちの木沢 ○ 88.「とちくぼ」があり、91.「とちくぼ沢」がある。また、○ 28.「とちの木沢」(「長原」方面)もある。栃の実は大事な食糧源であったので、保護されていたと思われる。

⑭	さかり川^{ガワ}	◎	○	◎ 28.「さかりかわ」があり、○ 93.「さかり河原」がある。 〈甲斐国志〉玉川の項に「其ノ発源ハ八ヶ岳ニテ大門川ト云フ水北ヨリ入ルヲ尼取川ト云フ甲信ノ境ヲ流レ念場ノ原ト佐久郡平沢村ノ間ヲ深沢川ト呼ブ」云々とあるので、「堺川」が訛って「さかり川」となったとも考えられる。
⑮	しょうぶ窪^{クボ}			
⑯	大口^{オオグチ}			大滝橋の上流約 200 米にあり、日照りが続くと雨乞いをする場所で、昔は小屋が作ってあった。
⑰	はけ	◎	○	◎※ 26.「ふか澤のはけ」がある。 ○※ 109.「深沢はけ」があるが、同一場所か不明。
⑱	大なぎ^{オオ}			
⑲	びょうぶ岩^{イワ}			

2．樫山村－2（大門川西岸地区）

※大門川西岸地区は浅川村が混入する字があり、また他村の入作も多い。
　浅川村と記した箇所は、浅川村検地帳にも記されている字地である。

17　念場原^{ネンバハラ}	念場原^{ネンバハラ}			〈甲斐国志〉に「念場ノ原」又は「根羽ノ原」として「浅川、樫山ノ域内ニテ二村ノ耕地モアリ八ヶ岳ノ東南十一箇村ノ入会場信州佐久郡ノ平沢ヘ出ズル路ナリ　東ハ大門沢西ハ川俣川ヲ堺ヒ凡ソ一里余南北ハ三里（中略）相ヒ伝フ此ノ原ハ中世ニ清次ト云フ者アリ新田ヲ開キ人戸ヲ建テ繁栄シテ念場千軒ト称セシ由　樗畑、西窪ノ辺ニ五輪ノ石塔、渠迹　等アリ　矢ノ上・興水・西大明神ナド地名存シタリ　後ニ村居廃シテ処々ヘ戸ヲ移ス」云々とある。 現在一般に「念場原」全体をさして「念場」と云っている。
18　念場^{ネンバ}	念場^{ネンバ}			〈甲斐国志〉に「念場」「燃場」などと記され、戦国期の文書には「根羽」とある。

①	大天狗 （オオテング）			首のない天狗石像があり、「嘉永元」とわづかに判読できる。〈甲斐国社記寺記〉「眞鏡寺」の項に、本尊が白馬不動尊であり「当寺起立ノ後中絶ノ砌リ文明年中ヨリ元亀ノ頃迄凡百年計リノ間住居字名下捻場並飛沢古多原等ヘ押移リ住居罷有候（中略）峰中守護神大天狗円光坊摩利支天不動尊等勧進何レモ石小社ニ御座候　平日参詣ノ義ハ前宮大門明王社限ニ御座候　大門拝殿御座候処安永三年午年水損仕候　以後今ニ再建出来不申候　但拙寺従来明嶽南面大門沢ヨリ峰中諸社惣別当仕来候（中略）　慶応四年八月巨摩郡長沢村内東井出当山派真言修験別納　真鏡寺　銖悟」とある。 現在赤岳山頂に「□嶽神社」石碑、「大聖不動明王」石碑、「不動明王」石像があり、県境尾根には刻字巨大自然石（円光と読める）、二十八番観音像（守屋氏と読める）、甲府講中石碑（裏に東宝王天、南多聞天、西清西天、北白垂天と読める）、東方薬師如来石碑（嘉永と読める）などが点々と建っている。
②	小天狗 （コテング）			ここには石仏は見当たらない。
③	弥蔵 （ヤゾウ）			江戸時代の古絵図にも記され、湧水があり昔から重要な水源となっている。
④	国堺 （コッカイ）			県堺の近く、小海線と国道141号線が交差する踏切の清里寄り国道周辺を云い、明治中期頃から小海線開通の頃迄、最盛期には十軒近くの人家があったと云う。国道西に現在も堀井戸の跡がある。 大正9年発行の〈山梨県市町村名鑑〉には「主な旅館、若松屋」とあり、「逢来屋」は現在の清里駅前「峰の茶屋」の前身である。現在の国道141号は大正9年県道甲府、長野線となり、昭和28年2級国道清水、上田線となり現在に至っている。
⑤	矢の上 （ヤカミ）		○ 浅川村	※浅川村○21.「屋の上」6筆があるが、全て平沢村の耕作人である。 古い図面では「相の原」の地内に孤立して一字を形成しており、「矢の堂」或いは何らかの建物が存在したのではないかと推測され、土塁様の遺構が現存する。浅川村検地帳に記されていたが現在は大字清里小字念場原となっている。

⑥	相の原 (アイ ハラ)	◎ 浅川村	○ 浅川村	※浅川村◎ 19.「あいの原」14 筆があるが、平沢より入作、海ノ口 1 筆と記されていて浅川の耕作者はいない。 ※浅川村○ 40. 29. に「あいの原」1 筆・6 筆があるが全て平沢村の耕作人である。立地からして甲信の堺であるためについた名と思われる。 昭和 24 年刊〈山梨県地名鑑〉には「相の原」とある。 旧浅川村字「相の原」の大部分は現在大字清里小字念場原となっている。
⑦	たもつ原 (バラ)			
⑧	三つ又 (ミ マタ)			「中沢入」の所で現「朝日丘」地内、「中ツ沢」へ、他の二つの沢が合流している地点を云う。
⑨	はまいば		○ 浅川村	※浅川村○ 5. 2 筆に在るが、全て平沢村の耕作人である。 「破摩射場」で信仰にかかわる場所と思われる。
⑩	中沢入 (ナカザワイリ)	◎	○ ○ 浅川村	◎ 36.「中澤」、○ 145.「中沢」がある。 ※浅川村○ 6. 8 筆在るが、全て平沢村の耕作人である。 旧図では「念場原」の西、恩賜林内に飛地としてある。 「中沢」8. 11. 13. 他「中沢」の付く地名が多くあるが殆ど平沢村の耕作人である。
⑪	上の原 (カミ ハラ)		○ 浅川村	※浅川村○ 4.「かみの原」19 筆あるが、全て平沢村の耕作人である。
⑫	道あかど (ミチ)		○ 浅川村	※浅川村○ 32. 34.「道あかど」3 筆と、6 筆があるが、全て平沢村の耕作人である。 路の分岐点か道標でもあったのだろうか。 〈若尾資料〉その他の資料では「道あやと」とある。
⑬	上中沢 (カミナカザワ)	◎ ◎ 浅川村	○ ○ 浅川村	◎※ 36.「中澤」37.「なか澤の上」がある。○※ 138. 145. に「中沢」がある。 ※浅川村◎ 14.「中澤ふか澤」4 筆あり。21.「中沢」17 筆があるがこの内の海ノ口 2 筆、平沢 1 筆、長沢 1 筆は入作。 ※浅川村○ 6.「中沢入」、10.「中沢原」、55.「下中沢」、8. 11. 13. 56.「中沢」、57.「中沢道上」などあるが、平沢村入作が多い。

⑭	ユヤナギ 湯柳		○	○ 123. 127.「湯柳」があり、124.「湯柳道下」もある。 〈若尾資料〉には「湯ノ柳」とある。
			○ 浅川村	※浅川村○ 12.「ゆ屋薙ぎ・湯柳」8筆在るが全て平沢村の耕作人。
⑮	フタマタ 二又			「御玉石」北の地点にある。
⑯	ナカザワシリ 中沢尻		○	○ 138. 145.「中沢」の下流、大字浅川小字「水兼沢」堺にある。
			○ 浅川村	※浅川村○ 103.「中沢尻」がある。
⑰	ダイミョウジンダイラ 大明神平		○	○ 135.「大明神窪」がある。 〈甲斐国志〉には「西大明神」がある。
⑱	ニオウヤシキ 仁王屋敷			〈甲斐国志〉「海岸寺」の項に「金剛力士ノ二像行基の作ト云フ昔八ヶ岳ノ麓念場原ニアリ小尾能登守臂力ヲ祈リテ霊験アリ其ノ後此ニ移ス」云々とあり、〈日本社寺名鑑〉「海岸寺」の項には「二王尊ハ定朝ノ御作ナリト云伝フ。是又昔ハ寺ノ北廿町許リ念場原ヨリ勧請セリ其ノ旧跡ヲ二王屋敷ト云フ（中略）現住榎本同源」とある。又、〈若尾資料〉にも「仁王」として「念場ノ小字仁王（清里村分）ト云フ処ニアリシモノヲ移シタルナリ」とある。昭和63年同地より中世の五輪塔十数基が発掘された。近くには「海岸寺跡」あるいは「妙心寺跡」と云われるところもある。
⑲	クボ せいじつ窪		○	○ 137. 144.「清次窪」がある。念場千軒伝説の主「清次」との関連が考えられる。江戸の頃より明治初め頃迄、樫山村の浅川氏、大柴氏、小清水氏、清水氏、利根川氏（アイウエオ順）、等が此処に住んでいたと云う。 現在、この辺りには、これら姓が古くから所有していた土地が存在している。
⑳	シンキョウジアト 眞教寺跡		○	○ 136.「新きゃう屋敷」がある。 〈若尾資料〉に「モト念場ニコジマシンキャウ坊（新経）ト云フ修験アリシト今ニ知ル人アリ」とある。八ヶ岳赤岳登山道、清泉寮上に「眞教寺尾根」がある。

㉑	丸山 （マツヤマ）		※	「眞教寺跡」南の小高い丘で、現在「風の公園」となっている。 弘化2年の「樫山村つきの木坂外田方絵図（山梨県立博物館蔵『樫山古四-489』）に丸山が在る（**A-絵図3.**）。 ※〔樫山-1〕にも同名の「丸山」がある。
㉒	坂上 （サカウエ）		○ ○ 浅川村	○※113.「坂下」がある。 ※浅川村○67.に「坂上」あり、68.「下坂上」もある。
㉓	栗木平 （クリノキダイラ）			「栗木平」「黒岩」「仮又沢」は川俣川の東岸、「海田」の北にあり、旧安都玉村「東井出」「長沢」の人達が主に入作していた所で、東井出分の飛地もある。
㉔	十二曲 （ジュウニマガリ）			川俣、旧竜泉荘附近から念場原へ登るつれづれ折の道を云う。
㉕	黒岩 （クロイワ）			昭和42年刊〈山梨県地名鑑〉旧安都玉村川俣には「幕岩」とあり、同鑑昭和56年には「墨岩」とある。現在は「黒岩」と呼んでいる。
㉖	仮又沢 （カリマタサワ）			
19　月の木 （ツキノキ）	月の木 （ツキノキ）	◎	○	◎42.「つきの木坂」があり、○132.「つきのきさか」がある。また「月の木橋」（川俣川に架かる大橋）がある。「長沢」から「月の木橋」を渡って「念場」に至る登坂を云う。 現在は「弘法坂」があり「つきの木坂」とは言わない。 「弘法坂」と「つきの木坂」は同じかどうかは不明である。長沢の人達は「月の木」のことを「むけえ長沢（向い長沢）」と呼び、「月の木」の田のことを「入り入り」と云う。
㉗	わらび窪 （クボ）			石垣の跡があり、路の形跡がある。 現在「わらび沢橋」が架かっている。
㉘	御水神沢 （オスイジンサワ）			国道141号線を数百米登った所に、水神が祀られてあり、「元和元年二月吉日」の銘がある。 相当量の水が湧出している。弘化2年の絵図（山梨県立博物館蔵『樫山古四-489』）に「水神」が記されてある（**A-絵図3.**）。
㉙	尼小屋大沢 （アマコヤオオサワ）			現在「弘法橋」が架かっている。

㉚	尼小屋 アマ コ ヤ		○	○ 131.「尼小屋」がある。当時は一字を なしていた。
㉛	尼小屋橋 アマ コ ヤ ハシ			現在橋は無い。
㉜	月の木沢 ツキ キ ザワ	◎	○ ○ 浅川村	◎※ 42.「つきの木坂」、○ 132.「つきの きさか」がある。 ※浅川村○ 60.「つきの木沢」がある。
㉝	堂ケ沢 ドウ サワ			かって「長沢」の「長沢寺」はここにあっ たと云われ数年前道路工事の際に地蔵像 が発見され、現在「弘法水」の所に祀っ てある。
㉞	橋場 ハシ バ		※	「月の木橋」たもと周辺の田を云う。 ◎ 20.「はしば」、○ 60.「橋場」とは同 名だが異所。
㉟	赤なぎ アカ			
㊱	中河原 ナカガワラ		○ ○ 浅川村	○ 119. 130.「中河原」がある。 ※浅川村○ 107.「中河原」あり。
㊲	月の木橋 ツキ キ ハシ			〈甲斐国志〉には「槻ノ木橋」「突貫橋」 などと記されている。
㊳	弘法水 コウボウスイ			昔、弘法大師が念場の原を通った時、三 里の間水が無いのをあわれんで、杖で地 面を突いたら清水が湧きだしたと云われ、 一年中涸れる事無く清水が湧出している。 この水は味噌の醸造に適しているとの事 で、大正年間まで近郷の人達は味噌炊き が始まると必ず、弘法水を汲みに行った ものだと云う。 江戸時代末ころ、甲府金手町の詫間平兵 衛は専門に弘法水で味噌を作り、毎日数 十頭の馬に弘法水を運ばせた。そのため 長沢の宿は水汲み馬で大いに賑わったと 云う。現在、詫間味噌店の寄進による弘 法大師像が祀られている。 〈若尾資料〉に「…甲府八日町三丁目宅間 平兵衛 安永七戊戌十月日勧請　理由不明 只信心ノタメト書セリ」とある。 弘化 2 年の絵図（山梨県立博物館蔵『樫山 古四–489』）（A−**絵図 3.**）に「弘法水」「弘 法坂」など「弘法」の付く地名は記され ていないので、「弘法」の付く字地は、こ れ以降に誕生したものであろう。

㊴	弘法坂 コウボウザカ			〈慶長検地帳〉〈寛文検地帳〉〈甲斐国志〉〈山梨県地誌稿〉等いずれも「槻ノ木坂」「月の木坂」と記されているが、現在「月の木坂」はない。昭和7年頃には「福井屋」と云う宿屋があった。
㊵	桐落し キリオト			
㊶	すみ畑 バタケ			現在、広域水道のタンクのある所。
20 海田	海田 ウミダ		○	○118.「海田」がある。「長沢」の人達は「海田」周辺を「舟窪」と呼び、「海田」の田の事を「入り」と云う。 〈甲斐国志〉に「海田橋」があるが現在不明。
㊷	佐久の路 サク ミチ			昔、佐久への路があったか。
㊸	海田大窪 ウミタ オオクボ			
㊹	源衛門沢 ゲンエモンザワ			
㊺	平衛門沢 ヘイエモンザワ			
㊻	ごんぱち尾根 オネ			
㊼	海田大沢 ウミタ オオサワ			

消えた小字名（特殊例）

		まゆみ畑		○ 浅川村	※浅川村○50.「まゆみ畑」あり。〈甲斐国志〉には「檀畑」とあり、明治初期の絵図にも念場に記されているが現在不明。
		三つ奈宜唐松立			○〈甲斐国志〉「念場ノ原」の項に「北ハ八ヶ岳峰通り三つ奈宜唐松立ヲ甲信ノ分堺トス又信州ノ地方間ノ原・三つ奈宜・唐松立ヘモ平沢・板橋・海口・海尻ト入会フトモ云フ」とあるが現在不明。 〈南牧村誌〉（1988：1160頁）によると、明治10年の甲・信境界紛争のときの安永4年（1707）請証文及び古絵図面にミツナギ・唐松立は在る。 明治12年には官林編入になり除くと記されている。
		麦つき屋敷		○	○117.「麦つきやしき」がある。明治6年の〈地券新規改正絵図、二十一番、「海田」の中に「麦つき屋敷」がある。 現在は旧安都玉村大字川俣分に「麦つき」がある。弘化2年の絵図（山梨県立博物館蔵『樫山古四-489』）に「麦つき屋敷」が在る（A-絵図3.）。 また、「十世清長　明徳2年（1391）生、念場蓮華院　国本坊。長享2年（1488）野火で焼失して川俣麦搗に移住（真鏡寺世代略歴より）」（水原　1993：60）が記されている。
		川また・川はた	◎	○	◎43.「川また」、44.「川はた」がある。 ○129.「川又」がある。現在は旧安都玉村に大字「川俣」がある。
		まつばのそり	◎	○	◎34.41.「まつばのそり」。 ○139.「松場のそり」、140.「下まつば」、146.「上まつ場そり」がある。
				○ 浅川村	※浅川村○54.「松はそり」がある。 〈甲斐国志〉「念場ノ原」の項に「…的場ノ反ト云フ処古戦場ニテ矢ノ根ナドヲ拾フト云フ…」とある。現在は消えた地名である。
		おたまいし	◎	○	◎35.「おたまいし窪」40.「お玉石」。 ○147.「お玉石」
			※◎ 浅川村	※○ 浅川村	※浅川村◎12.「深沢」37筆内の1筆「玉の権現領（源丞）」とある。 ※浅川村○117.「玉権現領」がある。

A－地図１．　樫山村－１．（大門川東岸地区）

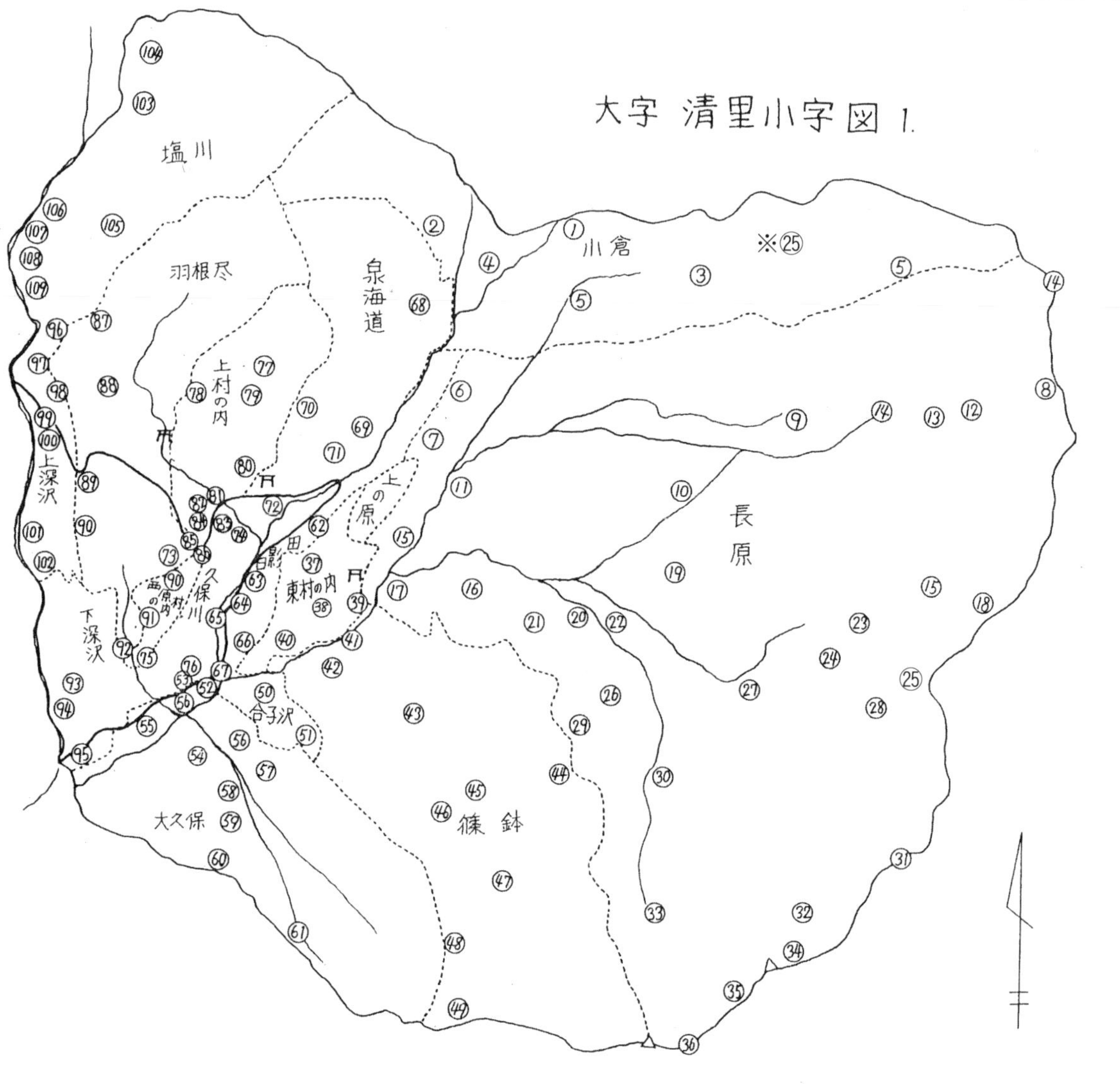

「清里村」『高根町地名誌』（1990）より引用
・②小倉を犬倉に訂正
・(73)位置を訂正
・※㉕尼ツ子（岩）と呼ばれている字地を加筆

① 小倉沢
② 犬倉
③ こもつ川
④ 東
⑤ 菖蒲川
⑥ 松尾根
⑦ 奉の木
⑧ ふとう
⑨ ぬくえ
⑩ おいの背
⑪ 半の木
⑫ 馬のり石
⑬ みつぐら
⑭ ぬくえ山
⑮ 小坂
⑯ ゆぶゆぶ
⑰ はけの平
⑱ なぎの窪
⑲ 大平
⑳ 平
㉑ ぞうじば
㉒ 小尾口
㉓ 八王寺山
㉔ 八王寺平
㉕ 尼子山
※㉕ 尼ツ子（岩）
㉖ 矢竹山
㉗ いぼ石
㉘ 高念仏山
㉙ うすい久保
㉚ 大久保
㉛ 小尾峠
㉜ はなれ山
㉝ 菅の窪
㉞ でず
㉟ 杣馬
㊱ まこ岩

㊲ 舟久保
㊳ 向う尾根
㊴ みさき
㊵ 碓水山
㊶ 東沢
㊷ 小兎沢
㊸ 兎沢
㊹ 和田沢
㊺ 狐窪
㊻ ふじ塚
㊼ ばら日影
㊽ 大笹
㊾ 鳩むね
㊿ 山田
51 大兎沢
52 大久保川原
53 川原
54 めいめい坂
55 橋場
56 すまし平
57 しょうゆ田
58 馬捨場
59 一の久保
60 二の久保
61 鉢山
62 ずんぐり坂
63 くど橋
64 松平
65 上田
66 千福寺跡
67 番屋
68 小あづま
69 大あづま
70 高畑
71 寺屋敷
72 宮の前
73 神明社

74 みねん坂
75 清水坂
76 久保田
77 おべえーし
78 柏前神社
79 湯戸
80 前田
81 宮の脇
82 古屋敷
83 丸山
84 彦右衛門畑
85 御安堂
86 でえらくでん
87 江戸口
88 堂の後
89 中尾根
90 尾根ぎわ
91 西の久保
92 清水窪
93 どんぞこ
94 中河原
95 下河原
96 八ヶ岳権現
97 馬捨場
98 風切り
99 まこ岩
100 雨岩
101 坂下
102 しょうぶ沢
103 栃久保
104 さかり川
105 しょうぶ窪
106 大口
107 はけ
108 大なぎ
109 びょうぶ岩

A－地図2.　樫山村－2.（大門川西岸地区）

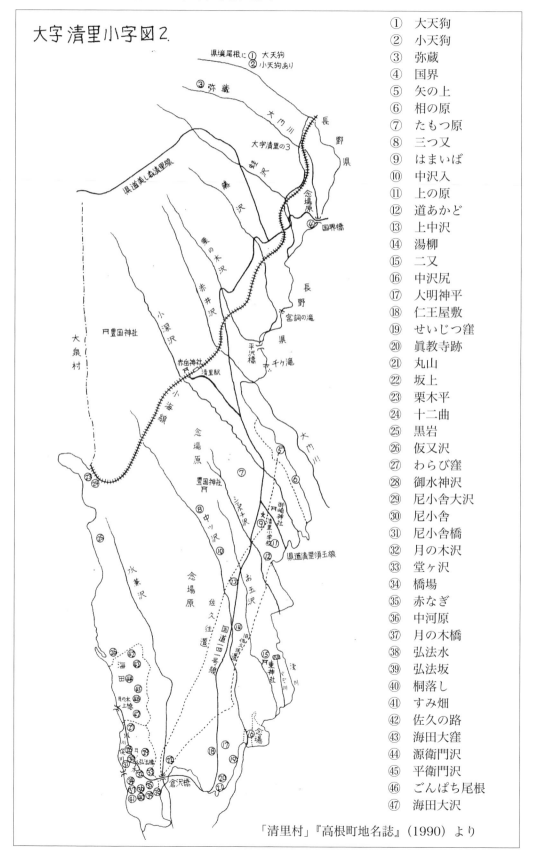

大字 清里小字図2.

①	大天狗
②	小天狗
③	弥蔵
④	国界
⑤	矢の上
⑥	相の原
⑦	たもつ原
⑧	三つ又
⑨	はまいば
⑩	中沢入
⑪	上の原
⑫	道あかど
⑬	上中沢
⑭	湯柳
⑮	二又
⑯	中沢尻
⑰	人明神平
⑱	仁王屋敷
⑲	せいじつ窪
⑳	眞教寺跡
㉑	丸山
㉒	坂上
㉓	栗木平
㉔	十二曲
㉕	黒岩
㉖	仮又沢
㉗	わらび窪
㉘	御水神沢
㉙	尼小舎大沢
㉚	尼小舎
㉛	尼小舎橋
㉜	月の木沢
㉝	堂ヶ沢
㉞	橋場
㉟	赤なぎ
㊱	中河原
㊲	月の木橋
㊳	弘法水
㊴	弘法坂
㊵	桐落し
㊶	すみ畑
㊷	佐久の路
㊸	海田大窪
㊹	源衛門沢
㊺	平衛門沢
㊻	ごんぱち尾根
㊼	海田大沢

「清里村」『高根町地名誌』（1990）より

第二章　『御水帳』解読分析——樫山村　慶長および寛文

一節　慶長7年（1602）『甲州逸見筋樫山村御水帳』解読分析

1．樫山村慶長7年　字・筆数・その他一覧

※1　慶長7年の検地日は10月20日、一日のみ。

※2　整理上、便宜的に検地帳に付けた頁番号で筆者による。

※3　字の初出順No

※4　〈　〉内筆数は他村の入作によるもの、他村・名請人は備考

※5　左と　同一字の再出、初出No. 字（※類似字）

※6　その他は牢人、おし、道永などで数値は筆数

※7　字・筆数の名請人の内わけ、○は屋敷名請人

検地日 ※1	頁 ※2	初出順No ※3	字	筆数 ※4	再出 初出No. ※5	備考 他村、寺社関係　その他 ※6	※7
10月20日	4	1	小倉境	〈3〉　7		〈小倉の新三郎　3〉	
	5	2	川はた　※A	8	※44. 異所		
	6	3	ふねの沢	80		道半　1、道円　1	
	16	4	とちの木沢	56		海岸寺　1、　牢人（新助）1、おし（神六）　1	
	23	5	村の井	6			
	24	6	あつま	24			
	27	7	志たい山	5			
	28	8	いつもかいと	43		山王分　善左衛門　1、道永　1	
	33	9	宮の平	48	23.	山王分　神右衛門二郎右衛門　1	別表
	39	10	はしば	48	21.		
	45	11	小尾口	1			
	45	12	三つくら	33	13.		
	49	13	三つくら	9	12.		
	50	14	あまくぼ	43		おし（甚六）　1、押し（神六）　1	

56	15	志やくし	〈1〉	8		〈浅川の五郎左衛門　1〉 つかもの道永　1	
57	16	大くほ浅川分		4			
57	17	かわぎし		7		道半　2	
58	18	うへの田		23		道永　1	
61	19	東澤		7		道永　2、　道半　1	
62	20	□□□		55		牢人（新五郎）　1	
69	21	※はしば？		1	10.		
69	22	ひかげ田		66		善福寺　1 おし（名なし）　1 道永　2	
77	23	宮平		1	9.		
77	24	上ふか澤		36	※26.	山王分 善左衛門　2	
82	25	どろそこ		2	※45.とのそこ		
82	26	ふか澤のはけ		6	※24.		
83	27	田志り		11			
84	28	さかりかわ？		43			
90	29	ほそくぼ		16			
92	30	西原		39		山王分 善左衛門　1 道永　1	
97	31	三ねの澤		14			
98	32	堂うの後	〈1〉	14		助丞分〈小倉の清七　1〉	
100	33	村の後	〈2〉	124		善九郎分〈小倉の清七　2〉 上□の清七　1	
116	34	まつはのそり		42	41.		
121	35	おたまいし窪		2	※40.おたまいし		別表
121	36	中澤	〈1〉			〈長澤 二郎左衛門分与左 衛門　1〉	
122	37	なか澤の上	〈36〉	37	※36.中澤	**註1**）〈他村　36筆〉 道永　2	
131	38	ひ草は		6		道半　1	
131	39	いけのくぼ		12		道半　1	
133	40	おたまいし	〈1〉	5	※35.おたまいし窪	〈小倉の源二郎　1〉	別表
134	41	まつはのそり	〈28〉	43	34.	**註2**）〈他村　28筆〉	
143	42	つきの木坂		27			
146	43	川また		10			
147	44	川はた　※B		8	※2.とは異所		
148	45	とのそこ		2	※25.どろそこ		
153	46	善福寺（屋敷）		1			

樫山村　慶長合計　46字（再出含む）〈73〉1083　合計1156筆

註1） 他村36筆の内訳 （長沢 28、小倉 4、浅川 3、入作の何某 1）

　　　　　長沢村 28筆の内訳（長沢の何某 18、長澤二郎左衛門分何某 2、

　　　　　　　　助丞分長沢の何某 4、善兵衛分長沢の何某 4）

　　　　小倉村 4筆の内訳（小倉の何某 3、善左衛門分小倉の何某 1）

註2） 他村28筆の内訳（長沢 16、小倉 10、浅川 1、いての何某 1）

　　　　長沢村 16筆の内訳（長沢の何某 12、善九郎分長沢の何某 3、

　　　　　　　　弥九郎分長沢の何某 1）

※7）

宮の平 48筆の名請人・筆数		おたまいし窪 2筆の名請人・筆数	
○善左衛門	2	新左衛門	1
○平作	4	○ 善七郎	1
○七郎左衛門	1		
○与兵衛	13		
○善十郎	6		
内蔵助	1	おたまいし 6筆の名請人・筆数	
○山王分神左衛門二郎右衛門	1	甚右ヱ門	1
左勘衛門	3	六郎右衛門	1
清七郎	2	○ 神左衛門	1
○善五郎	2	○ 善七郎	2
□左衛門	5	〈小くらの源次郎	1〉
清七	2		
○新三郎	1		
甚左衛門	1		
与七郎	1		

2. 樫山村慶長7年　田、畑合計

検地日	検地帳頁	田、畑、合計			
10月20日	148	一. 上田	7反3畝 9歩	此内	1畝18歩付荒
	149	一. 下々田	1町7反2畝27歩	此内	1反1畝21歩付荒
		田合	2町4反4畝 6歩		
		一. 中畠	2町5反9畝18歩		
		一. 下畠	8町7反1畝 5歩	此内	1畝 5歩付荒
		一. 下々畠	25町9反1畝10歩	此内	1畝14歩付荒
		一. 山畠	21町9反7畝 2歩	此内	1反4畝 歩付荒
		畠合	59町1反9畝 5歩		
		田畠合	61町6反3畝11歩		
		（※田畠合は検地帳の記載のままを採用）			

3.　樫山村慶長7年　屋敷数・名請人・規模・分布

　　屋敷検地帳の記載を、次の如く一覧にして示す。検地帳は坪数で記されている。
※検地帳頁および屋敷Noは整理上筆者による

検地月日	頁	屋敷No	間・間	坪数	屋敷名請人
10月20日	150	1	10・6	60	平作
		2	10・6	60	左衛門四朗
		3	10・9	90	善五郎
		4	10・5	50	善七郎　　　　　※
	151	5	14・9	126	神左衛門
		6	8・6	48	清右衛門
		7	10・8	80	神右衛門
		8	10・5	50	善左衛門
		9	16・6	96	新三郎
		10	18・9	162	助丞
		11	8・6	48	善七郎　　　　　※
		12	18・5	90	二郎右衛門
	152	13	12・5	60	□右衛門
		14	8・7	56	清二郎
		15	15・12	180	善九朗分
		16	5・5	25	善正後家
		17	8・4	明屋敷 32	門屋　　　善九朗分
		18	14・7	98	与兵衛
		19	5・4	20	宗左衛門
		20	6・5	30	善十郎
	153	21	10・8	80	七朗左衛門
		22	10・6	60	新兵衛

<table>
<tr><td colspan="6" align="center">屋敷合 1641 坪　※5反4畝3歩</td></tr>
</table>

右の外　　　　　一郷一寺
屋敷300坪　　　　　　　善福寺中
壬虎　拾月廿日　　　　田沢勘丞　　　印判
吉岡喜三郎　　　印判
岡本三右衛門　　印判
墨付　本書百廿拾弐枚
写本百五拾枚　　　上紙□□

※善七郎（No.4、No11）は同名異人なのか、同一人が2つの屋敷名請人になっているのか不明。

屋敷 22 の規模の内わけ
（最大 180 坪、最小 20 坪）

坪数	件数
１８０	1
１７０－１７９	
１６０－１６９	1
１５０－１５９	
１４０－１４９	
１３０－１３９	
１２０－１２９	1
１１０－１１９	
１００－１０９	
９０－　９９	4
８０－　８９	2
７０－　７９	
６０－　６９	4
５０－　５９	3
４０－　４９	2
３０－　３８	2
２０－　２９	2
１０－	
合計	２２

二節　寛文 6 年（1666）『甲州逸見筋樫山村御検地水帳』解読分析

1．樫山村寛文 6 年　字・筆数・その他一覧

　　※1　寛文 6 年の検地日は 7 月 18 日から 8 月 1 日までの 11 日間
　　※2　整理上、便宜的に検地帳に付した頁番号で筆者による
　　※3　字の初出順 No
　　※4　〈　〉内筆数は他村の入作によるもの、他村は備考
　　※5　左と同一字再出、初出 No．字（※類似字）
　　※6　その他は大楽院、ひじり、日光院などの名請人、数値は筆数

検地日 ※1	頁 ※2	初出順 No ※3	字	筆数 ※4	再出 初出 No. ※5	備考 他村、寺社関係　その他 ※6
7月18日	2	1	小倉境	8	※2.小倉沢 6.小倉境東	大楽院　1
	3	2	小倉沢	24	※1.小倉境 6.小倉境東	大楽院　1

11冊の1	6	3	犬倉	15		
	8	4	あずまわ	8	※85.こあつま 86.大あつま	
	8	5	川東	10		
	10	6	小倉境東	7	※1.小倉境 2.小倉沢	
	11	7	はんの木	32	143.	大楽院　2
	15	8	小坂	8		
	16	9	あふきのせ	24		茂平次分大楽院　2
	19	10	大久保	4	※58.大窪	
	19	11	葛原	3		

以上、143筆

田畑合　　8町2反7畝22歩
　　わけ

　下々田　　　　　　9畝17歩　　　　　下々畑　1町9反5畝28歩
　　　　　　　　　　　　　　　　　　　山畑　　6町2反2畝　7歩
　　　　　　　　　　　　　　　　　（畑□　　8町1反8畝　5歩）

7月19日11冊の2	2	12	小尾口	9		大楽院1
	4	13	はなれやま	1		
	4	14	そまあま	1		
	4	15	うすいくぼ	2	※17.うすいか原	
	4	16	長原	9	18.	
	5	17	うすいか原	1	※15.うすいくぼ	
	5	18	長原	1	16.	
	6	19	ぬく湯	19		
	8	20	髙念佛	4		
	8	21	いぼ石・いほ石	9		
	10	22	三つくら	39		
	14	23	馬のり石	25		茂平次分　大楽院　1
	18	24	やすみ石平	8	※25.やすみ石	
	19	25	やすみ石	20	※24.やすみ石平	
	21	26	ゆふゆふ	12		ひ志り　1
	23	27	みさき	1		
	23	28	とちの木沢	5		

以上、166筆

田畑合　11町3反　　25歩
　　わけ

　下々田　　　　　I畝　8歩　　　　　下々畑　　1町5反6畝23歩
　　　　　　　　　　　　　　　　　　山畑　　　9町7反2畝24歩
　　　　　　　　　　　　　　　　（畑□　　11町2反9畝17歩）

7月20日 11冊の3	2	29	上の原	85		大楽院　7 ひじり　1	
	12	30	道下	21			
	15	31	古屋敷	12			
	16	32	東村の内	18			
	19	33	ふなくぼ	17	70. 166. ※69. ふねヵ沢	ひじり　1	
	21	34	中原	10	89.		
	22	35	村の内	5	98. 108. 151. 167. 170.		
	23	36	上の田	32		大楽院　1	
	27	37	番屋	14		大楽院　1	
	28	38	ひかげ田	7	40. 64. 79. 81.	ひじり　2	
	29	39	清水坂	4			
	30	40	日影田	5	38. 54. 79. 81.		

以上、230筆

田畑合　　7町　　4畝
　　　　わけ
　下田　　　　2反5畝　3歩　　　　　中畑　　　1町9反2畝　2歩
　下々田　　　2反3畝　4歩　　　　　下畑　　　3町1反9畝　5歩
　（田□　　　4反8畝　7歩）　　　　下々畑　　1町4反I畝１7歩
　　　　　　　　　　　　　　　　　　山畑　　　　　　2畝２9歩
　　　　　　　　　　　　　　　　　　（畑□　　6町5反5畝２3歩）

7月21日 11冊の4	2	41	わだの平	11			
	3	42	東沢	39		大楽院　2 ひじり　2	
	8	43	ふじつか	11	45.		
	9	44	屋竹谷	8			
	10	45	ふじつか	29	43.		
	14	46	篠の（志の） はちくぼ	30		大楽院　1 ひじり　1	
	18	47	□つか	6		大楽院　1	
	18	48	大うさぎ沢	8	※56. こうさぎ沢		
	19	49	ごうし沢	24	※51. ※52. 江地沢 ※54. 江地沢南又、55.	大楽院　1 ひじり　3	
	22	50	兵衛田	7			
	23	51	こうじ沢	3	※49. ごうし沢 ※52. 江地沢 ※54. 江地沢南沢、55.		

7月21日 11冊の4	24	52	江地沢	4	※49. ごうし沢 ※51. こうじ沢 ※54. 江地沢南沢、55.
	24	53	やまだ	1	
	24	54	江地沢南又	11	※49. ごうし沢 ※51. こうじ沢 ※52. 55. 江地沢
	26	55	江地沢	1	※49. ごうし沢 ※51. こうじ沢 ※54. 江地沢南沢、52.
	26	56	こうさぎ沢	9	※48. 大うさぎ沢
	27	57	こひかげ	6	
	28	58	大窪	21	※10. 大久保
	30	59	まひまひ坂、 まいまい坂	12	
	32	60	橋場	6	
	32	61	松ひら	13	

以上、260筆

田畑合　8町8反2畝13歩
　　わけ

下田	1町	1畝13歩	下畑	4反6畝16歩
下々田	9反	23歩	下々畑	1町4反9畝5歩
(田□	1町9反	2畝6歩)	山畑	4町9反4畝16歩
			(畑□	6町9反7歩)

7月22日 11冊の5	2	62	崩の坂	8	78. 163.
	3	63	西のくぼ、 西の窪	42	ひじり　1
	8	64	日かけ田	30	38. 40. 79. 81.
	12	65	地蔵當（堂）	9	67. 82.
	13	66	志だい村	7	83.
	14	67	ちそうとう 地蔵堂	1	65. 82.
	14	68	ほうの木畑	13	
	15	69	ふねヵ沢	10	※33. 168. ふなくぼ 70. ふねヵくぼ　　大楽院　1、 仙福寺　2
	17	70	ふねヵくぼ	2	※33. 168. ふなくぼ 69. ふねヵ沢　　仙福寺　1
	17	71	いつもかい道、 いつもかいと	10	73.
	18	72	たかはたけ（高 畑）	8	84.

19	73	いつもかいと（う）		46	71.	大楽院　　1
25	74	三祢のさか		16	76. 80. ※75.三祢のさか神前	ひじり　　3
27	75	三祢のさか神前		14	※74. 76. 80.三祢の坂	ひじり　　1
29	76	三祢の坂		6	74. 75. 80.	
29	77	くぞ橋		5		
30	78	崩の坂		3	62. 163.	
30	79	ひかげ田		2	38. 40. 64.	
31	80	三祢の坂		2	74. 76. ※75.三祢のさか神前	
32	81	日影田		47	38. 40. 64. 79.	
37	82	地蔵當（堂）		25	65. 67.	仙福寺　　1
40	83	志たい村		11	66.志だい村	
41	84	髙畑		7	72.	
42	85	こあつま		13	86.大あつま ※4.あつまわ	
44	86	大あつま		15	85.こあつま ※4.あつまわ	

以上、352筆

田畑合　7町6反9畝14歩
　　　わけ

下田　　　1反9畝27歩	中畑　　　1町2反5畝29歩
下々田　　8反　　　6歩	下畑　　　1町4反8畝28歩
（田□　1町　　　　3歩）	下々畑　　1町7反6畝20歩
	山畑　　　2町1反7畝24歩
	（畑□　　6町6反9畝11歩）

7月23日11冊の6	2	87	塩川		17	92.	
	4	88	とちくぼ	〈4〉		※91.とちくぼ沢	〈平沢村　4〉
	4	89	中原	〈1〉		34.	〈平沢村　1〉
	4	90	川窪	〈2〉			〈平沢村　2〉
	5	91	とちくぼ沢	〈1〉		※88.とちくぼ	〈平沢村　1〉
	5	92	塩川	〈8〉	6	87.	〈平沢村　8〉
	6	93	さかり河原		27		
	10	94	たはた		14	104.	
	12	95	おねきわ		23	※97.	ひじり　　3
	14	96	わてくぼ		9		
	16	97	やねきわ		16	※95.	
	18	98	村の内		4	35. 108. 151. 167. 170	

7月23日 11冊の6	18	99	さす	8	
	19	100	高橋	7	
	20	101	ゑど	1	※102.ゑどくち
	20	102	ゑどくち	18	※101.ゑど
	22	103	坂田本	18	
	25	104	たはた	3	96.
	25	105	はねつくし	21	
	28	106	田の尻	6	
	28	107	堂の後	26	
	32	108	村の内	3	35. 98. 151. 167. 170.

以上、〈16〉227　合243筆

田畑合　12町7反　23歩
　わけ

下田	2反7畝25歩	下畑　2町　29歩
下々田	1反3畝11歩	下々畑　4町　5畝12歩
(田□	4反1畝　6歩)	山畑　6町2反3畝　6歩
		(畑□　12町2反9畝17歩)

7月24日 11冊の7	2	109	深沢はけ	5 ※111.上深沢 112.下深沢 114.下深沢
	2	110	清水窪	11
	4	111	上深沢	46 ※109.深沢はけ ※112.下深沢、114.
	9	112	下深沢	10 ※109.深沢はけ ※111.上深沢、114.
	11	113	坂下	29
	14	114	下深沢	33 ※109.深沢はけ ※111.上深沢、112.
	18	115	どのそこ	45 165.

以上、179筆

※　浅川村に「深沢」の付く地名多数あり。「深沢」「中瀬ふか澤」「深沢橋場」「小深沢」「深沢こし水」「深沢入」「深沢岩の上」「下深沢」など.

田畑合　4町5反7畝28歩
　わけ

下田	1町1反8畝　4歩	下畑　2反1畝16歩
下々田	1町1反8畝26歩	下々畑　9反3畝16歩
(田□	2町3反7畝)	山畑　1町　5畝26歩
		(畑□　2町2反　28歩)

7月25日	2	116	尼ごや	〈2〉	131.	〈長澤村　2〉
	2	117	麦つきやしき	〈7〉		〈長澤村　7〉
	3	118	海田	〈37〉		〈長澤村　37〉
	7	119	中河原	〈7〉	130.	〈長澤村　7〉

11冊の8	8	120	平畠、たいら畠	〈38〉		〈長澤村　37 平沢村　1〉
	13	121	東の窪	〈19〉		〈長沢村 19〉
	15	122	水金沢	〈4〉		〈長澤村　4〉
	16	123	湯柳	〈1〉	127.※124.湯柳道下	〈長澤村　1〉
	16	124	湯柳道下	2	※123.湯柳	
	16	125	松の木沢	〈7〉　10		〈浅川村　7〉
	18	126	松の木原	1		
	18	127	湯柳	〈2〉	123.※124.湯柳道下	〈長澤村　2〉
	19	128	廣原	〈1〉		〈長澤村　1〉
	19	129	川又	〈1〉		〈長澤村　1〉
	19	130	中河原	〈6〉	119.	〈長澤村　6〉
	20	131	尼小屋	〈3〉	116.	〈長澤村　3〉
	20	132	つきの木坂	〈46〉		〈長澤村　46〉
	26	133	めうといし、めうと石	〈22〉　8	134.	〈長澤村　21 浅川村日光院　1〉

以上、〈203〉21　合224筆

田畑合　　11町2反9畝　9歩
　　　わけ

下田　　　　2反3畝14歩	下畑　　　　2町2反3畝23歩
下々田　　　5反4畝8歩	下々畑　　　2町6反9畝9歩
(田□　　　7反7畝22歩)	山畑　　　　5町5反8畝15歩
	(畑□　　　10町5反1畝17歩)

7月26日 11冊の9	2	134	めうといし、めうと石	〈8〉　1	133.	〈長澤村　7 浅川村　1〉
	3	135	大明神窪	〈9〉　5		〈長澤村　7 浅川村　2〉
	4	136	新きやう屋敷	37		
	9	137	清次窪	8	144.	
	10	138	中沢	9	145.	
	11	139	松場のそり	15	※140.下まつば ※146.上まつ場そり	ひじり　1
	13	140	下まつば	24	※139.松場のそり ※146.上まつ場そり	
	17	141	道上	〈6〉　34		〈浅川村　6〉 泉福寺　1
	21	142	松の木原	〈9〉　19		〈浅川村　6 長沢村　3〉
	25	143	はんの木	〈10〉　42		〈浅川村　5 (長沢村　4 下津金村　1〉

7月26日 11冊の9	31	144	清次窪		13	137.	
	33	145	中沢		26	138.	
	36	146	上まつ場そり		14	※138. 松場のそり ※140. 下まつば	
	38	147	お玉石	〈2〉	9		〈浅川村　2 （角兵衛　1 日光院　1）〉
	38	148	池の窪	〈6〉	28	150.	〈浅川村　6〉 大楽院　1
	43	149	ひくさば		7		大楽院　2
	44	150	池の窪	〈2〉	2	148.	〈浅川村　2〉

以上、〈52〉293　合345筆

田畑合　　２９町５反７畝　１歩
　　わけ
　下畑　　　　　１反６畝　１歩
　下々畑　　１５町４反８畝１７歩
　山畑　　　１３町９反２畝１３歩

7月27日 11冊の10	2	151	村の内		80	35. 98. 108. 167. 170	
	12	152	ははきてん		12		
	13	153	抜畠		17		
	15	154	なきの窪		7		
	16	155	小屋林、 こやはやし		9		
	17	156	湯戸		19		
	20	157	宮の脇、 宮のわき		27	※162. 宮の前	大楽院　1
	23	158	丸山		27	※159. 丸山屋敷の内	大楽院　1、 清右衛門分泉福寺　1
	26	159	丸山屋敷の内		1	※158. 丸山	
	26	160	西田、にし田		21		
	29	161	から沢		10		
	30	162	宮の前		16	※157. 宮の脇、宮の わき	
	32	163	崩の坂		7	62. 78.	
	33	164	西原		24	※169. 西原村の内	
	36	165	とのそこ、 どのそこ		27	115.	
	40	166	ふなくぼ		8	33. ※70. ふねゝくぼ	
	41	167	村の内		30	35. 98. 108. 151. 170	

	44	168	南新居	10	171.	
7月27日	46	169	西原村の内	8	※164.西原	
	47	170	村の内	8	35. 98. 108. 151. 167	
11冊の10	48	171	南新居	4	168	
	以上、372筆					

田畑合　10町6反1畝4歩
　　　わけ

下田	3反9畝1歩	中畑	2町9反9畝16歩
下々田	6反2畝3歩	下畑	2町6反　6歩
（田□	1町　1畝4歩）	下々畑	3町　2畝17歩
		山畑	9反7畝21歩
		（畑□	9町6反）

※　11冊の11（以下）は　『御検地屋敷帳』。屋敷54の後に「右の外除之地」として泉福寺、
　　山王領、地蔵領、天神領、六大天領、神明領、観音領が記されている。

検地日	頁	初出順	地名	筆数	再出 初出No	備考 他村、寺社関係、 その他
8月1日 11冊の11 屋敷帳	9	172	泉福寺	1		
		173	山王領	5		
		174	地蔵領	1		
		175	天神領	3		
		176	六大天神領	1		
	10	177	神明領	1		
		178	観音領	1		
	以上、13筆					
	樫山村　寛文合計　178字（再出含む）〈271〉2256　合計2527筆					

2.　樫山村寛文6年　田、畑、屋敷合計

検地日	頁	※　屋敷数・名請人・規模などは次の 3. に記載	
8月1日 11冊の11 屋敷帳	7	屋敷合　　壱町5反9畝20歩 　　　拾壱冊之寄 　　　下田　　3町5反4畝27歩 　　　下々田　4町5反3畝16歩	八 六
	8	田合　8町　　8畝13歩 　　中畠　　6町壱反7畝17歩 　　下畠　12町3反7畝　4歩 　　下々畠34町3反9畝14歩 　　山畑　50町8反8畝壱1歩 　　屋敷　壱町5反9畝20歩 当屋敷合　　　百五町四反壱畝26歩 田畠屋敷合　百拾三町5反9分 　　高弐百四拾五石二斗二升8合 　　午之 　　八月朔日	五 三 壱斗五升 壱斗 十二 高野弥左衛門　㊞ 厚芝甚兵衛　㊞ 河野九兵衛　㊞ 窪田与兵衛　㊞ 古田甚兵衛　㊞
	9	右之外除之地 屋敷三百坪 中畠　　弐町弐拾四歩 下畠　　弐町弐四歩 下畠　　六町歩 下々畠　壱反弐町歩 山畠　　三町歩 屋敷　　六畝歩 下々田　弐畝弐拾歩 下畠　　弐拾歩 屋敷　　拾歩 下田　　三畝拾四歩	黒印　泉福寺 山王領 同領 同領 同領 同領 地蔵領 天神領 同領 同領 大六天神領
	10	山畠　　壱反弐拾七歩 下畠　　三畝九歩 墨付拾枚	神明領 観音領

A－表2. 樫山村寛文6年　田、畑、屋敷、合計　※ 表は検地帳の記載に基づき作成

検地日	No.	頁	上田 町	反	畝	歩	下田 町	反	畝	歩	下々田 町	反	畝	歩	田合計 町	反	畝	歩	中畑 町	反	畝	歩	下畑 町	反	畝	歩	下々畑 町	反	畝	歩	山畑 町	反	畝	歩	畑合計 町	反	畝	歩	屋敷合計 町	反	畝	歩
7月18日	1	20・21		8	2	7				22			9	17			9	27		1	8	5		1	5	23		1	1	17		1	9	28		8	1	5		1	8	5
7月19日	2	45・46		11	3	0	25					1	8	1	8		1	8			1			5	6	23		2	24		7	2	9	17				
7月20日	3	77・78		7	7	4		2	5	3						4	8	7	1	9	2	9		1	4	1		5	9	28		2	5	5				
7月21日	4	113		8	8	2	13	1				1	9	23	1	4	8	7	4	2	6	5	29	1	4	16	1	4	9	4	16	1	8	2	9	11			
7月22日	5	161		7	6	9	14	1	9	27	8	9	2	6	3		1	2	5	28	1	7	20	2	1	7	24	6	6	7				
7月23日	6	195	12	7	23	21	1				4	1	6	29	5	22	6	2	3	6	12	2	9	17			
7月24日	7	221	4	5	7	28	1	8	4	26	2	1	2	1	16	2	6	9	1	26	2	2	28				
7月25日	8	256	8	2	9	9	1	8	3	7	7	22	2	3	1	4	8	23	5	4	9	9	5	15	1				
7月26日	9	299	29	5	7	1	7	1	5	4	4	8	17	13	9	2	13	29	5	7	1		
7月27日	10	48・49	10	6	1	4	3	9	1	6	2	3	1	4	2	9	2	3	6	2	21	9	7	9	6	6	
8月1日	11	7-10																						
※	11		48 49	10	6	1	4	27	4	5	3	16	8	4	13	6	1	7	17	12	3	7	4	34	3	9	14	50	8	8	1	103	8	2	6			

左側集計

区分	町	反	畝	歩
田合計	8	0	8	13
畑合計	103	8	2	6
屋敷合計	1	5	9	20
田・畑合計	111	9	0	19
田・畑・屋敷合計	113	5	0	9

田・畑合計　111町9反19歩　　高　245石2斗2升8合

屋敷合計 町	反	畝	歩
1	5	9	20

3.　樫山村寛文6年　屋敷数・名請人・規模・分布

　樫山村寛文6年屋敷検地帳の記載を次の如く一覧にして示す。以下の一覧では、屋敷の記載順に、屋敷番号（No.）を付した。検地帳は畝歩で記されている。

　※　屋敷 No. および坪数は比較整理上、筆者が付記した。

検地月日	頁	屋敷No.	間×間	坪数※	畝　歩	屋敷名請人	
8月11日 11冊之11	1	1	13・8	104	3畝14歩	仁兵衛	
		2	17・6	102	3畝12歩	喜左衛門	
		3	10・8	80	2畝20歩	十三郎	
		4	14・10	140	4畝20歩	五左衛門	
		5	9・8	72	2畝12歩	大楽院	
		6	10・10	100	3畝10歩	仁左衛門	
		7	8・8	64	2畝4歩	善七郎	
		8	10・8	80	2畝20歩	金三郎	
	2	9	12・13	156	5畝6歩	仁郎左衛門	
		10	10・9	90	3畝歩	又左衛門	
		11	4・4	16	16歩	ひじり	
		12	10・9	90	3畝歩	平兵衛	
		13	10・6	60	2畝歩	九左衛門	
		14	12・10	120	4畝歩	兵左衛門	
		15	11・9	99	3畝9歩	善九郎	
		16	14・6	84	2畝24歩	作兵衛	
	3	17	12・6	72	2畝12歩	庄九郎	
		18	8・8	64	2畝4歩	才兵衛	
		19	16・8	128	4畝8歩	伝兵衛	
		20	10・7	70	2畝10歩	兵右衛門	
		21	10・8	80	2畝20歩	安兵衛	
		22	11・8	88	2畝28歩	作左衛門	
		23	12・15	196	6畝16歩	角兵衛	外16歩入
		24	16・8	128	4畝8歩	作右衛門	
	4	25	16・9	144	4畝24歩	甚右衛門	
		26	11・5	55	1畝25歩	角右衛門	
		27	12・8	96	3畝6歩	小兵衛	
		28	9・5	45	1畝15歩	茂右衛門	
		29	11・9	99	3畝9歩	新兵衛	
		30	8・8	64	2畝4歩	孫兵衛・勘十郎	
		31	16・10	160	5畝10歩	伝右衛門	
		32	8・8	64	2畝4歩	弥五左衛門	
	5	33	11・11	121	4畝23歩	甚左衛門	
		34	15・5	75	2畝15歩	佐左衛門	

	35	14・8	112	3畝22歩	庄三郎	
	36	14・7	98	3畝8歩	五兵衛	
	37	12・7	84	2畝24歩	金十郎	
	38	7・6	60	2畝 歩	忠左衛門	外18歩入
	39	10・9	90	3畝 歩	小右衛門	
	40	9・6	54	1畝24歩	権左	
6	41	9・5	45	1畝15歩	茂兵衛分・門右衛門	
	42	11・10	110	3畝20歩	太郎兵衛	
	43	11・9	99	3畝9歩	茂兵衛	
	44	12・6	72	2畝12歩	半右衛門	
	45	10・8	80	2畝20歩	彦左衛門	
	46	12・7	84	2畝24歩	市之丞	
	47	9・9	81	2畝21歩	権三郎	
	48	9・5	45	1畝15歩	久左衛門	
7	49	18・8	160	5畝10歩	七左衛門	外16歩入
	50	10・8	112	3畝22歩	□十郎	外32歩入
	51	6・6	36	1畝6歩	長左衛門	
	52	8・4	32	1畝2歩	太左衛門	
	53	10・6	60	2畝 歩	三右衛門	
	54	8・6	48	1畝18歩	伝九郎	
屋敷合　1町5反9畝20歩						

屋敷 54 の規模の内わけ
（最大 196 坪、最小 16 坪）

坪数	件数
196	1
180−189	
170−179	
160−169	2
150−159	1
140−149	2
130−139	
120−129	4
110−119	3
100−109	3
90− 99	8
80− 89	9
70− 79	5
60− 69	7
50− 59	2
40− 49	4
30− 39	2
20− 29	
10−	1
合計	54

三節　樫山村　『御水帳』慶長７年と寛文６年の田畑・屋敷比較

　樫山村における慶長・寛文の『御水帳』解読分析による田、畑、字数・筆数、石高および屋敷数・坪数・規模分布の比較を一覧表にして見ると以下の如くになる（Ａ－表3-1．Ａ－表3-2．）。

１．樫山村　慶長・寛文　田、畑、字数、筆数、石高比較

Ａ－表3-1．樫山村　田、畑、字数、筆数、石高―慶長７年、寛文６年の比較―

		慶長７年（１６０２）					寛文６年（１６６６）					寛文/慶長
		町	反	畝	歩		町	反	畝	歩	石盛（斗）	
田	下田		7	3	9	此内　　1畝18歩付荒	3	5	4	27	8	4.8
	下々田	1	7	2	27	此内1反2畝21歩付荒	4	5	3	16	6	2.6
	田合	2	4	4	6	（田割合　4％）	8		8	13	（田割合　7％）	3.3
畑	中畑	2	5	9	18		6	1	7	17	5	2.4
	下畑	8	7	1	5	此内　　1畝　5歩付荒	12	3	7	4	3	1.4
	下々畑	25	9	1	10	此内　　1畝14歩付荒	34	3	9	14	1.5	1.3
	山畑	21	9	7	2	此内1反4畝　歩付荒	50	8	8	1	1	2.3
	畑合	59	1	9	5	（畑割合　96％）	103	8	2	6	（畑割合　93％）	1.7
田・畑合		61	6	3	11		111	9	0	19	※	1.8
字数		42（再出含　46）					153（再出含　178）					3.6 (3.9)
筆数		1,156					2,527					2.2
石高		記載なし 122石2斗（慶長小高帳）					245石2斗2升8合					2.0

※田畑合は検地帳に記載なし

２．樫山村　慶長・寛文　屋敷数、規模分布比較

Ａ－表3-2．樫山村　屋敷数、規模分布―慶長７年、寛文６年の比較―

		慶長７年（１６０２）	寛文６年（１６６６）	寛文／慶長
数		22（泉福寺１．含まない）	54（寺社等7．含まない）	2.5
規模合		5反4畝3歩	1町5反9畝20歩 石盛　１２	2.9
規模内わけ		屋敷22の内分け ・最大　　180坪　1 ・最小　　20坪　1	屋敷54の内わけ ・最大　　196坪　1 ・最小　　16坪　1	
屋敷坪数・件数	190 －		1	
	180 － 189	1		
	170 － 179			
	160 － 169	1	2	
	150 － 159		1	
	140 － 149		2	
	130 － 139			
	120 － 129	1	4	
	110 － 119		3	
	100 － 109		3	
	90 － 99	4	8	
	80 － 89	2	9	
	70 － 79		5	
	60 － 69	4	7	
	50 － 59	3	2	
	40 － 49	2	4	
	30 － 39	2	2	
	20 － 29	2		
	10 －		1	
合計		22屋敷数	54屋敷数	

３．まとめ

　樫山村における慶長から寛文にいたる田、畑、地名数、筆数、石高および屋敷数・坪数・規模分布を見ると、以下のごとくである（**Ａ－表3-1．　Ａ－表3-2．　参照**）。

１）田は3.3倍に増加している。
２）畑合計は1.7倍増加している。

3）田畑の割合では、畑が慶長96％、寛文93％を占めている。田は慶長4％で、寛文になるとやや増加して7％になる。全耕作地に占める田の割合は慶長、寛文共に1割に満たない。

田畑の位付では下田と下々田のみで下々田が半分以上を占める。また、畑についても僅かの中畑が在るが殆ど下と下々畑のみで占める。

4）字数は3.6倍（再出含3.9倍）に増加し、筆数では2.2倍に増加している。

5）石高は2倍に増加している。

6）屋敷数（屋敷名請人）は慶長22屋敷、寛文54屋敷となり、2.5倍増加している。

7）屋敷規模は慶長の一屋敷平均2.5畝（22屋敷、全体5反4畝3歩）から、寛文では一屋敷平均2.9畝（54屋敷、全体1町5反9畝20歩）と拡大している。

8）屋敷規模と分布を見ると、慶長では最大規模180坪、最小20坪であり、寛文では最大196坪、最小16坪と屋敷の最大規模は拡大している。また、屋敷規模の全体分布をみると慶長では90坪未満50〜60坪あたりが多く、寛文になると100坪未満60〜90坪代の屋敷数が多くなり、全体的に屋敷規模が拡大している。また、最大規模の値を示す屋敷は、他の屋敷規模とは隔絶している様子が、慶長・寛文ともに見られる。

　以上、慶長から寛文の樫山村においては耕地、字、筆数において全体的に2〜3倍以上の増加・拡大が見られ、石高は2倍に増加し、屋敷も増大している。耕地の増大と生産性の増加の背景で、樫山村の耕地（田・畑）の位付を見ると、下と下々（わずかに中畑が在るが）のみである。このような生産性の低い土地で耕地を拡大し石高を増加させた裏には、住民の過酷な労働が伴ったことが推察される。

第三章　地名考および『御水帳』から見える樫山村の歴史

　地名考および検地帳解読分析から、次のような事柄が看取される。
　まず、樫山村における検地の実施進行についてみたとき、東から南、西、北方面の順に時計回りに一巡している。つまり、「小倉」（東側）を起点に南下して「深沢」（西側）へ、そこから大門川北側「塩川」方面を経て東側の居村に戻り（以上、大門川の東側）、再び南下して「念場」（大門川の西側）へ向かい一巡する（時計回り）。寛文時も同様の進行だが同心円状に２巡目を辿る様子がみられた。
　以下では、第一章、第二章における地名考および検地帳解読分析結果を基に生活および社会構造の視点から、まとめと若干の考察を付記する。

一節　慶長から寛文　字数、筆数、石高および東・西地区

１．字数3.6倍・筆数2.2倍、石高は約２倍の増加、耕地の生産力は低い

　検地帳の慶長７年から寛文６年（以下、慶長、寛文とのみ記す）の変化を見ると、樫山村においては字数が約3.6倍増加、筆数では約2.2倍の増加、耕地は1.8倍（田3.3倍、畑1.7倍）の増加、そして、石高では2.0倍の増加がみられた（A−表3-1.）。字数・筆数の増加は耕地の拡大・増加を伴い、石高が増加する。そして、一般に労働人口増加を伴う。人口増加は屋敷数2.5倍増加（A−表3-2.）からも推察される。
　慶長年間から60〜80年後の貞享年間にかけて逸見筋の石高は集中的に増加し、その後の増加は微々たるものであった（高根町　1990：587）。その背景には、検地が意図する小農自立の推進と農民が競って耕地の開発に勢力を注いだことが挙げられる。樫山村の石高2.2倍増加については、逸見筋14ヵ村の中で長沢村・浅川村に次いで３番目に高い（ibid：578）。一方、生産力（一石当たりの耕地生産性）をみると浅川村、樫山村、長沢村の順で低く（ibid：576　安達満〈江戸時代前期逸見筋の耕作状況と土地生産力〉による）、逸見筋14ヵ村の中で樫山村は２番目に低い生産力である。ここから、樫山村の過酷な労働と暮らしが推察される。
　まず、樫山村の地理的位置をみたとき、北の八ヶ岳から南へ流れる大門川がほぼ真ん中を貫いている。大門川は深い渓谷を成し中流から下流域では比較的平らな窪地が展開し、この川の両側に水田が開拓されている。樫山が登場する天正10年（1582）の徳川家印判状写しには「根羽樫山五貫文」（荻野・柴辻編著　1968：338）があるが、「根羽（念場）」

は大門川の西岸側を、「樫山」は大門川の東岸側を云うのが一般的である。

　ここで、**A－表3-1.** に示した慶長・寛文の字数・再出字数、筆数、石高について、地理的差異を考慮して東と西に分けて見て行く。

２．大門川を挟み東・西地区の字数と筆数の割合は約7対3

　地理的に見たとき樫山村は、大門川の深い沢を挟んで東岸側（小倉側―以下、東地区あるいは東と記す）と西岸側（念場側―以下、西地区あるいは西と記す）とに跨り、西の端は川俣川で長沢村と境を成し、東の端は平沢村（旧小倉村）に隣接する。ここで、大門川を挟んで東と西（深澤を含む ※深沢、上深沢、下深沢、深沢のはけ、どろそこ、などの字は大門川沿いの東西両岸に跨るがここでは西地区に含めて見て行く）の地区に区切って地名数および筆数をみると（**A－表4.**）、慶長7年当時の大門川より東では、字数73.8％・筆数73.7％、西では字数26.2％・筆数26.3％であり、東と西の地名数および筆数の割合はおよそ7対3である。寛文についても、東の字数77.1％・筆数70.4％、西の字数22.9％・筆数29.6％で、およそ東と西は7対3の割合である。（再出含字数においても同様である）

A－表4.　樫山村の慶長から寛文における字数・筆数の東・西地区割合

		樫山村		東地区		西地区	
慶長	字数	42 (100)		31 (73.8)		11 (26.2)	
	再出含字数	46 (100)		31 (67.4) ※1		15 (32.6) ※2	
	筆数	1156 (100)		852 (73.7)		304 (26.3)	
	石高	122.2					
			寛文/慶長		寛文/慶長		寛文/慶長
寛文	字数	153 (100)	3.8	118 (77.1)		35 (22.9)	
	再出含字数	178 (100)	3.9	136 (76.7) ※3	4.4	42 (23.3) ※4	2.8
	筆数	2527 (100)	2.2	1779 (70.4)	2.1	748 (29.6)	2.4
	石高	245.2	2.0				

※1　10月20日　検地No1.-23.　23字、
　　　　　　　　　No27.-33.　7字、寺　1字（Noは初出順番号を指す）
※2　10月20日　検地No24.-26.　3字、No34.-45.　12字
※3　7月18日から23日検地　108字、7月27日検地　21字、寺社　7字
※4　7月24日検地　7字、25日検地　18字、26日検地　17字

　以上から、慶長・寛文時ともに樫山村の字・耕地のおよそ7割が東側（小倉側）に、3割が西側（念場側）に在ったことが見られる。そして、居住および村の中心は東側にあった（後述）。

二節　慶長、寛文、平成の変遷

　慶長、寛文、そして平成の字・筆数から、その変遷と歴史を辿ってみよう。

　以下、字の No 数値は検地帳字の初出番号を示す。また、文章上で紛らわしい場合は字に「　」を付した。

1．慶長から寛文に消滅または減少著しい字および舟ガ川流域

　慶長に在り寛文に消滅、または減少の顕著な字には次が在る（第二章一節、二節、第三章三節1．参照）。塩川流域に位置するさかりがわ・さかり河原（慶長 No28．寛文 No93．）は 43 筆から 27 筆へ減、田志り・田の尻（慶長 No27．寛文 No106．）は 11 筆から 6 筆へ減。現在では位置不明の川はた（No2．※A　No44 の川はたは西側に在り A とは異所）が寛文時には消滅している。また、慶長時において舟ガ川流域に位置する村の井（No5．）6 筆は寛文時に無い。志たい山（No7．）については寛文時に志たい村（No66．83．）があるが志たい山は無い。宮の平・宮平（No9．23．）については寛文時に宮の脇（No157．）、宮の前（No162．）があるが宮の平・宮平は無い。あまくぼ（No14．）43 筆、志やくし（No15．）9 筆が寛文時には消滅している。なお、この隣接地に在るはしば（慶長 No10．寛文 No60．）は、慶長時 48 筆が寛文時に 6 筆に激減し、とちの木沢（慶長 No4．寛文 No28．）は慶長時 56 筆が寛文時 5 筆に激減している（※慶長、寛文時に在る「とちの木沢」は舟ガ川、長原辺りに位置する。また、慶長、寛文時にある類似の字「栃久保」は塩川に位置する）。また、ほそくぼ（No29．）の 16 筆が寛文時には無い。以上の他に村の後（No33．）は 126 筆と多いが寛文時には無い（「村の後」については後述）。

　検地 No 順の位置からみて、寛文時に消滅あるいは激減した字は舟ガ川流域に多数見られる。舟ガ川流域のこれら字は、現在の「氏神（日吉神社・山王権現）」近辺その東寄りの位置にあたる。現在、このあたりは畑と荒地になっているが、昔は泉福寺が在ったと云われ「寺屋敷」の字が残る。なお、泉福寺について、『甲斐国志』によると（巻四七　古跡部第十　※泉の他に千・仙・善も記される）[注1]「千福寺は本は舟ガ川川上の西方に在ったが舟窪に移した」と記されてある。また、昔は水車小屋もあった。以上から、慶長時には氏神近辺で泉福寺辺りに在った居村が、その位置から西寄りへ移動した様子が見られる（後述．A－表5．居村の変遷参照）。

　居村が移動した原因は、舟ガ川の氾濫によるものではなかったか。その理由は慶長の居村地にあった地名が消滅あるいは激減し、寛文に舟ガ川下流域に新たな字地と筆数の増加が見られること（以下、三節1．）、この流域には寛文時「崩の坂」（No62．78．163．合 18 筆）の字が見られ、また、昭和になっても田が在った「河原」の字地が川になって消えたことなど、この流域では度々の土砂崩れと流れの変更が繰り返されていることがみられる、などの理由から舟ガ川の氾濫・崩れやすい地質・地勢の変化が推察される。泉福寺

が舟窪へ移転した[注1]原因はこの事と関連があり、そして、移転の年代は慶長から寛文の頃であったのではないかと推察される。

２．慶長から寛文、平成の現在に存続している字

慶長、寛文から平成（1990年時）の現在に継続（生活の中に活用、あるいは記憶）している字について見よう（**第一章二節参照**）。東と西に分けて見ると次のようである。

東：小倉、東、みつくら・みつぐら、小尾口、尼子山、舟久保、東沢、大久保、橋場、日影田、上田、千福寺跡、泉海道、小あづま、宮の前、みねん坂、西原・西原村、堂の後、どんぞこ、上深沢、栃久保、さかり川、はけ。

西：※相の原・あいの原（樫山村の慶長、寛文検地帳に「相の原・あいの原」は無いが、浅川村の慶長、寛文検地帳に「あいの原」が在る。但し「あいの原」は全て平沢村名請人で占められている）、中沢入・上中沢（浅川村検地帳では寛文時に登場し他村の入作がある）、つきの木、つきの木沢（浅川村検地帳では寛文時に登場）、川俣、まつばのそり（浅川村検地帳では寛文時に登場）、お玉石・おたまいし窪（慶長時の浅川村にこの字地はない。後述Ｃ　第二章参照）。

　　　　※　慶長、寛文時の樫山村と浅川村が錯綜して不明な点が多いので、浅川村についても付記しておいた。入会、入作の関係については、後述。

これらの字は、時代の変遷に伴い字も消滅・変化・分化（類似の字が誕生）の変遷を辿る中で、慶長から現在に至るまで同一字が存続していることは、住民の生活がその字地と共に継続してきたことを物語るものである。つまり、慶長以前は別として、少なくも慶長以降よりその字地は住民の生活に関わってきた地（故に記憶に残っている）であった処と云えるだろう。

３．慶長・寛文に無く、平成の現在に在る字

慶長、寛文の検地帳に記されて無いが、平成の現在に在る字には次が在る（**第一章二節参照**）。

東：菖蒲川、ふとう、はけの平、大平、平、八王子平、菅の窪、でず、向こ屋根、碓井山、兎沢、和田沢、狐窪、ばら日影、大笹、鳩むね、大久保川原、川原、すまし平、馬捨場、一の久保、鉢山、ずんぐり坂、久保川、久保田、上村、前田、彦右衛門畑、下河原、八ヶ岳権現、馬捨て場、風切り、まこ岩、雨岩、しょうぶ窪、大口、大なぎ、びょうぶ岩。

西：念場原、念場、大天狗、小天狗、弥蔵、国堺、たもつ原、三つ又、二又、丸山、栗木平、十二曲、黒岩、仮又沢、わらび窪、御水神沢、尼小屋大沢、尼小屋橋、堂ヶ沢、橋場、赤なぎ、月の木橋、弘法水、弘法坂、桐落し、すみ田、佐久の路、海田大窪、源衛門沢、平衛門沢、ごんぱち尾根、海田大沢、三つ奈宜唐松立。

　以上の字は、全て寛文時以降に新たに生まれた字であり、寛文時以降に開拓された字地と云えるだろう。※しかし、中には慶長・寛文検地時に在った字でも検地の対象外の地（耕作地以外の地で例えば、橋、川、沢の名など）の場合は検地帳上に載らないことも考えられる。

4．居村の変遷──当初の居村（集落）から西村、東村、上村の順に誕生

　平成の現在における高根町清里の内で字西原・東原・上手が、旧樫山村「本村」と云われた地区であった（昭和39年までの地図上には樫山が記され、西には念場が記されている。念場に対して樫山を「本村」と云う言い方もあった）。旧樫山村「本村」（西原、東原、上手）について、検地帳に記された字から次のような変遷が見られる（A−表5．）。

　慶長検地帳において、「村」の付く字は「村の井（No5．6筆）」と「村の後」（No33．126筆）の2つがある。「村の井」の位置は舟ガ川沿いの小倉寄り・山王権現の近くで昔の泉福寺の在った辺りで、ふねの沢、とちの木沢、はしば、宮の平、いつもかいと、など筆数の多い（40筆以上）字が近接している処にある。この事から「村の井」は居村地と見られる。もう1つの「村の後」（No33．126筆）は、山王権現のやや西側寄りの位置になり、西原（No30．39筆）と隣接している位置にある。西原は、居村地「村の井」からみた「西」の原として記され、「村の後」は居村地の"後ろ"（西側の位置になる）の意味であろう。

　寛文時になって、村の付く字は「志たい村」（慶長時には「村の井」の辺りに「志たい山」がある）、「西原村の内」（「志たい村」の西）、「東村の内」（「志たい村」の東）、また、「南新居」（「志たい村」および「西原」の南）が誕生する。また、「村の内」の字が6箇所に分かれて登場し、それら6箇所（No35．98．108．151．167．170.）は検地順から見て分かれてまとまった位置にある。つまり、No35．は「東村の内」に位置し、No98．108．は西原の北に位置し、No151．は「宮の前」・氏神の辺りに位置し、No167．170.は「西原村の内」近くの「南新居」とも隣接する位置にある（A−表5．参照）。

　以上から、次の事が云える。寛文時になると"西の原"に「西原村」「南新居」「村の内」が誕生し字も増加する。また、"東の原"に「東村の内」「村の内」「東沢」が誕生する。寛文時の「西原村の内」（No169.）、「村の内」（No167．170．151．98．108.）、「南新居」（No168．171.）等は、慶長「村の井」より西寄りに位置する。つまり、村関連の字の位置や筆数からみたとき、慶長時の居村の中心が寛文時には西方へ進出・移動している。当初の居村は、慶長時の「村の井」（「志たい山」、寛文時には「志たい村」の辺り）と推定される（現在「志たい山」「志たい村」の両字地とも不明）（二節1．参照）。

　慶長時に西原と記されているのは、慶長時の居村の地から見て"西の原"と云う事で付けられた字であろう。また、「村の後」は"居村の後側"（西側）と云う事で付けられた字であろう。なお、慶長時に「村の後」が126筆と多いのは、慶長時（1602年）すでに西側への移動・開拓を進行させていたことを示すものと見なされる。その移動の年代は不明

確だが、因みに『甲斐国志』（古跡国志十　298頁）に、樫山村の"千福寺は本は舟ガ川上に在ったが本村の舟窪に移した、人戸は寺の上の小倉と云う処に在ったとも云う"と記されていることに合致する。

　慶長時には東村・東沢は存在しないが、寛文検地には誕生しているので、東村・東原の誕生は慶長検地（1602年）以降と分る。樫山は「東コーチと西コーチにわかれる」（笹村1943：37、大柴　2010：30）と云われた時代もあった。「西原・西コーチ・西村」、「東原・東コーチ・東村」の後になり、明治の分見帳には「上村の内」（西村の上、北側・山側に位置する）が誕生している。「上村」は寛文6年（1666）時には無い。

　以上から、舟ガ川の上にあった当初の居村から、西原・西原村、東原・東原村、そして、上村（西原の上）の順に居村（集落）が誕生していったことが見られる。

A−表5．樫山村における居村と西原（村）、東原（村）、上手（村）の誕生

（　）内は字初出番

	村関連の字			
慶長 7年	村の井（5.）　　　　　6筆 ※志たい山（7.）　　　5筆	※西原（30.）　　　39筆※1 村の後（33.）　　　126筆		
寛文 6年	志たい村（66. 83.）18筆	※西原（164.）　　　24筆 西原村の内（169.）　8筆 村の内（167. 170.）38筆 南新居（168. 171.）14筆 村の内（151.）　　　80筆 村の内（98. 108.）　7筆	※東沢（42.）39筆※2 東村の内（32.）18筆 村の内（35.）　　5筆	
明治 8年		西村の内	東村の内	上村の内 ※3
（平成、 現在）		（西村、西原）	（東原、クボ村）	（上手村、 上手）

※1 居村（村の井 No5.）から見た「西」の原（No30.）、居村の後に位置する「村の後」（No33.）が誕生。
※2 居村（志たい村）から見た西に字「西原」「西原村」が誕生し東に字「東沢」「東村の内」が誕生。
※3 西原（村）、東原（村）（西コーチ、東コーチとも云った）があり、その後、西原（村）の北側・上の位置に上村が誕生。
　　平成の現在は、西村・西原、東原・クボ村、上手村・上手（わで）と云われている。

5．慶長・寛文時において「村」は東に在り西には無い

　以上の4．では、「樫山村」の慶長、寛文検地帳による「大門川東側—小倉側」・旧樫山村集落について字の成立過程を見た。字から「村」を見たとき、「村」の付く字は全て東地区にあり、大門川西側（念場あるいは根羽）に「村」字はない。従って、樫山村検地帳において見た時、慶長以後の居村は東地区から始まっていると云えるだろう。

　ところで、居村に関連する「屋敷」の字を見たとき、寛文時の東に「丸山屋敷の内」（No159. 1筆）と「古屋敷」（No31. 12筆）が在り、西に「麦つきやしき」（No117.〈7

筆〉全て長沢村入作分）と「新きょう屋敷」（No136．37 筆）が在る。「丸山屋敷の内」は東・居村区の「宮の前」（山王権現の近く）に、「古屋敷」は東村に位置する。「麦つきやしき」は西の「つきの木坂」の下・川俣川沿いに位置し、「新きょう屋敷」は同じく「つきの木坂」を登った念場原に位置する。この「麦つきやしき」「新きょう屋敷」については、「真鏡寺世代略歴（水原　1993：60）」によると「十世清長　明徳 2 年（1391）、念場蓮華院　国本坊。長享 2 年（1488）野火で焼失して川俣麦搗に移住」（下線筆者による）と在ることから、中世の修験院に関わる字地であることが窺える。「屋敷」および居村（集落）および中世については全く未知の状態である。なお、また、天正 10 年（1582）「徳川印判状」には「根羽樫山」と「浅川ノ郷」（荻野・斉藤編　1968：339）が在ることから、当時の居村集落についても合わせて課題になる。

6．慶長から寛文、そして平成の変遷の中で注目の字

　慶長、寛文、平成の時代の変遷に伴い次の字を見ておこう。

1）「馬捨場」
　　（慶長・寛文時には無いが）現在の東原および西原と上手（共有）地区の 2 ヵ所に「馬捨場」の字が在る。現在では、この字地の場所が忘れられ字自体消滅しつつある。その背景は、明治期以降に農耕馬および馬産（軍馬や関東地方への農耕馬の供給）が盛んな時代があったが、昭和 20 年代以降は暮らしの中から馬が消えたことに因り、字「馬捨場」も消滅した。
　　ところで、検地帳の中で馬に関わる字は寛文の小倉・長原地域に「馬のり石」（第一章二節⑫、第二章二節　No23．25 筆）が在るが、慶長には「馬」に関わる字は無い（検地対象外の字地の存在も考えられるが）。樫山村慶長・寛文時の字に馬に関わる字はこれだけである[注2]。

2）「八ヶ岳権現」「風切り」
　　現在、「風切り」の地に「八ヶ岳権現」の祠が在る。「風切り」は防風林として東地区の大門川東側を南北約 500 ～ 600m に松が植樹された場所で、植樹された年代は 1580 年頃とする伝承がある（大柴　1910：94）。現在、「風切り」の北端の松の大木の基に祀られている「八ヶ岳権現」の石祠には「明和元年申八月日」（1764 年）の銘がある。
　　ところで、慶長、寛文時の検地帳に「風切り」「八ヶ岳権現」は無い。「八ヶ岳権現」が文書に登場するのは、現在のところ『社記・寺記』（1964：783　※慶応 4 年に書かれたもの）の中に在る「巨摩郡樫山村　境内御改書上帳　不動寺」に「八ヶ岳大権現　但坪数弐十坪　壱ヶ所浅川村支配」が記されているものが最初である。明治の廃仏毀釈の折「八ヶ岳大権現」は、不動寺から現在の「風切り」の地に移された可能性も考えられる。

　　　樫山村における八ヶ岳権現などの修験信仰の歴史は、未知の状態である。

３）寛文時、川俣川沿いの字の殆どが長沢村入作

　　　弘化２年（1845）樫山村の「絵地図」（山梨県立博物館蔵『樫山古四-489』）をみると
（A−絵図３．参照）、川俣川に架かる橋に「海田橋」「尼小屋橋」「□」（傍らに「橋場」
とあり橋の図があるが橋名が記されていない）が在り、長沢村から「□」を渡り「つき
の木坂」が記され、「浅川村道」「信州往来」、また、水神、麦つき屋敷、海田、尼小
屋、中河原、平畑（畠）、つきの木坂、および東の久保、丸山、などの字が記されてい
る。以上の「絵地図」に在る「水神」は、慶長、寛文検地に無い。また、麦つき屋敷
（No117．7筆）、海田（No118．37筆）、尼小屋（No116．131．2筆と3筆）、中河原
（No119．130．7筆と6筆）、平畑（畠）（No120．38筆）については慶長に無く、寛文
に登場する。

　　　以上から、弘化２年（1845）樫山村「絵地図」に在るこれらの字地（長沢村の隣接地
で樫山村からは最も離れた地）は、殆どが慶長検地（1602年）から寛文検地（1666年）
の間に開発された地と見られる。そして、注目したいことはこれらの字地の殆どは長
沢村の入作で占められていることである。長沢村が慶長以降、寛文・貞享年間にかけ
て石高を3倍以上に増加させた（高根町志　1990：578）背景はこれら字地の開拓・拡
大も関連していると考えられる（入会地・入作については後述）。

４）「御水神」の消滅

　　　弘化２年樫山村の「絵地図」（A−絵図３．）を見たとき、尼小屋、中河原、麦つき
屋敷、海田、平畠などの字地（田・畑）は、平成の現在では殆どが消滅している。そ
れら字の消滅は、昭和30年代以降の水田の消滅に伴うものと云える。そして、それ
ら水田の水源となった「御水神」も無用となり、字「御水神」「御水神沢」などの字も
消滅した。昔は重要な水源地として「水神」が祀られ尊ばれ大切にされた地であった
が、現在は忘れられ藪の中に埋もれている[注3]。

５）弘化２年当時「弘法水、弘法坂」は無かった

　　　また、弘化２年の絵地図（A−絵図３．）に「弘法水、弘法坂」は無いので、「弘法
水、弘法坂」は弘化２年後に生まれた字のようである[注3]。「弘法水、弘法坂」の字の
起源については、安永７年（1778）に弘法大師像が祀られた伝承記録があるので（第
一章二節㊳）、その以降に誕生・普及した字と云える。但し、安永７年時に弘法大師像
を祀った背景には、すでに“弘法大師の杖と湧水起源の伝説”がその地に存在してい
た（第二章二節２．㊳参照）からであろう。

６）寛文検地に在る「番屋」

　　　寛文検地に「番屋」がある（No37．14筆、内 大楽院　1筆）。番屋に該当する字は、
慶長検地には無い。この字地は寛文検地の字地から見て、東村の内（No32．）、ふなく
ぼ（No33．）、ひかげ田（No38．）の近辺にあり、現在の「関屋橋」「関所跡」が伝承さ
れている位置になる。『甲斐国志』（巻之四七　古跡部）には「樫山村に置かれていた関
所を後に浅川村へ移した」ことが記されて在るが、現在のところ樫山村の「関屋橋」

は橋名が消滅し、関所の伝承が残るのみで（大柴　2010：138-142）歴史的事実は明らかにされていない。寛文検地（1666年）には「番屋」が記されているが、樫山村に関所が置かれたのは何時の時代なのか、なぜ、何時、浅川村へ移したのかなどについては明確になっていない（B　浅川村　第三章二節6の2）「関所跡」「関所」も参照）

7）「まつはのそり」「おたまいし・お玉石窪」

　「まつはのそり」「おたまいし窪・おたまいし」の地名は慶長、寛文共に在るが、現在ではその地がどこなのか明確に知る人がいない（第一章二節　消えた小字参照）。「まつはのそり」については、「的場ノ反」と云い古戦場があったことが『甲斐国志』には記されている。また、「お玉石」は現在、「玉の権現」の起源とされ浅川村の氏神「お玉神社」に祀られている。また、「氏神平」にも置かれて在る（詳細はC.）。

7．慶長時から寛文時に増大する平沢村、長沢村、浅川村からの入作[注4]

　入作、入会については複雑・錯綜している。詳細は、次のC.　第二章「慶長から寛文の入作と入会」で取り上げ、以下では増大する入作の概要を記しておくに留める（A　第二章一節、二節参照）。

　ここで、入作村の記載について次の事を断っておく。

　慶長検地帳では「長沢の何某、小倉の何某、浅川の何某」の如く村が記されていないが、ここでは村を付けて記しておく。寛文検地帳では「長沢村の何某、平沢村の何某、浅川村の何某」の如く村が記されている。

[慶長時　樫山村への入作]

　慶長時の東地区には、小倉村の入作が3つの字に合計6筆在る。その内訳は、「小倉堺」3筆、「堂の後」1筆、「村の後」2筆である。また、浅川村の入作が、「志やくし」に1筆がある。慶長時の西地区では、小倉村の入作が「おたまいし」1筆と長沢村の入作が「中澤」1筆在る。その他「なか澤の上」と「まつばのそり」には複数村の入作が著しく、その内容は小倉村、長沢村、浅川村などからの入作が「中澤の上」36筆、また、「まつばのそり」28筆がある。

　入作の筆数を村別に多い順位みると、長沢村　45筆（中澤の上　28筆、まつばのそり16筆、中澤　1筆）、小倉村　21筆（東に6筆と西のおたまいし、中澤の上、まつばのそりの合わせて15筆）、浅川村　5筆（東に1筆と西の中澤の上、まつばのそりの合わせて4筆）、その他いて（村か？）の何某　1筆、入作の何某　1筆となる。以上、慶長時における入作の筆数は73筆あり全筆数1,156に対して入作の割合は6.3％になる。

　以上、慶長時の東（居村域）に小倉村が6筆、浅川村が1筆の入作が見られるのは村の境界が曖昧で密接な関係（とくに隣接する小倉村）が存在していたことが考えられる。ここで、注目しておきたいことは慶長検地帳において小倉村と旧村名で記されていることである（小倉村は天分2年（1533）武田氏の戦略上平沢村へ合併移転したと云われていて、慶長

時に小倉村は無いはずであるが、小倉村が使われている。因みに、寛文検地になると平沢村と記されている）。次に、西地区の「中澤の上」「まつばのそり」については、近隣の長沢村、平沢村、浅川村がこぞって入作したことが見られる。

〔寛文時　樫山村への入作〕

　寛文になると入作地は、さらに増大し多様になる。1つの字地を1村が全て入作、1つの字地を複数の村々が入作など、複雑になっている。入作の村を中心に、その字を見ると次のようである。

　長沢村が入作の字地—尼ごや、麦つき屋敷、海田、中河原、平畠（38筆中1筆のみ平沢村）、東の窪、水兼沢、湯柳、廣原、川又、中河原、尼小屋、つきの木坂、めうと石、大明神窪、松の木原、はんの木、以上は長沢村の入作が全部を占めている。長沢村入作は合わせて215筆ある。これらの地は主に川俣川沿いで長沢村と隣接する位置にある。

　平沢村が入作の字地——とちくぼ、とちくぼ沢、中原、川窪、塩川、平畠、に平沢村の入作地が合わせて17筆ある。これらの地は大門川沿い（平畠1筆を除く、平畠は念場川俣川沿いにある）で平沢村に隣接する位置にある。

　浅川村が入作の字地——松の木沢、めうといし、大明神窪、道上、松の木原、はんの木、池の窪、に浅川村の入作地が合わせて38筆ある。これらの地は、大門川下流域にあり浅川村に接する位置にある。

　下津金村が入作の字地——大門川下流域に位置する、はんの木に1筆下津金村の入作がある。

　寛文時入作の村別をみると、最多は長沢村の215筆と目覚ましく、次いで浅川村の38筆、平沢村の17筆、下津金村1筆の順になる。因みに、東に隣接する小尾村の入作は無い。以上、慶長時における入作の筆数は271筆あり全筆数2,527に対して入作の割合は10.7％になる。

　以上から、入作は慶長から寛文になると字地の分化とともに入作の筆数も著しく増大している（慶長時6.3％から寛文時10.7％に増大）。入作地は、樫山村に隣接する西の長沢村、北の平沢村、南の浅川村、そして津金村がそれぞれ自村の居住地に近い土地から、競って耕地拡大・進出した結果が窺える。

三節　慶長、寛文において筆数の多い字の変遷から見えること

　慶長時の字の内で筆数の多い（30以上）字を列記し、その右に寛文時同名字の筆数を見ていく。続いて、上記以外の寛文時筆数の多い（30以上）字を列記して左に慶長時の筆数を記す。まず、東地区（A−表6.）、次に西地区（A−表7.）について示す。これにより、字と筆数の変遷から見えることを列記する。

1．樫山村東地区：舟ガ川流域の字・筆数の変動と新開拓地

Ａ－表6．樫山村東地区　慶長・寛文時における筆数の多い字と変遷

慶長 筆数30以上の字 初出順 No.（筆数）、〈 〉内は他村筆数・村名			寛文 寛文時において慶長時に同名の字 ○は慶長時から寛文時に在る字　※類似字 初出順 No.（筆数）、〈 〉内は他村筆数・村名	
字	筆数	注)	字	筆数
村の後　33.(126) ※村の井　5.(6)	126 ※6	※ ※ ※ ※ ※ ※ ※ ※	西原村の内　169.(8) 村の内　167.170.(38) 南新居　168.171.(14) 村の内　151.(80) ※丸山屋敷の内　159.(1) 村の内　98.108.(7) 東村の内　32.(18) 村の内　35.(5)	※170
ふねの沢　3.(80)	80	○ ※	ふねの沢　69.(10) ふなくぼ　70.(2)、33.(17)、 166.(8)	10 ※27
ひかげ田　22.(66)	66	○	ひかげ田・日かげ田・日影田 38.(7)、40.(5)、64.(30)、79.(2)、 81.(47)	91
とちの木沢　4.(56)	56	○	とちの木沢　28.(5)	5
□□□（判読不可）20.(55)	55	※	不明	
宮の平・宮平　9.(48)、23.(1)	49	※	宮の脇　157.(27)、 宮の前　162.(16)	※43
はしば　10.(48)、※？21.(1)	49	○	橋場　60.(6)	6
いつもかいと　8.(43)	43	○	いつもかいと・いつもかい道 71.(10)、73.(46)	56
あまくぼ　14.(43)	43			
さかりかわ　28.(43)	43			
三つくら　12.(33)、13.(9)	42	○	三つくら　22.(39)	39
西原　30.(39)	39	再※	※西原村の内　169.(8)	8

上記以外、寛文時において筆数30筆以上の字（右側）および慶長時（左側）

小倉堺　1.(10)	10	○ ※ ※	小倉堺　1.(8) 小倉堺東　6.(7)、 小倉沢　2.(24) 犬倉　3.(15)	8 31 15
あつま　6.(24)	24	※○	あずまわ　4.(8)、 こあつま　85.(13)、 大あつま　86.(15)	36

		ごうし（じ）沢・江地沢 49.(24)、51.(3)、52.(4)、55.(1)	32
		江地沢南沢　54.(11)	11
		西のくぼ　63.(42)	42
		ふじつか　43.(11)、45.(29)	40
		東沢　42.(39)	39
		地蔵堂　65.(9)、67.(1)、82.(25)	35
		はんの木　7.(32) ※小倉	32
		塩川　87.(17)、92.(6) ＋〈8〉 平沢	23 〈8〉

以上（A−表6.）から、東において次の事が見られる。

1）川流域（舟ガ川、塩川）に沿って字地が多く在る。

2）慶長時において筆数の多い字の順でみると、村の後（村関連の字「村の井」6筆は除く）、ふねの沢、ひかげ田、とちの木沢、□□□（字判読不可）、宮の平・宮平、はしば、いつもかいと、あまくぼ、さかりかわ、三つくら、西原、がある。

3）慶長時に筆数の多い字の殆どが舟ガ川に沿った位置に見られる。

4）慶長時に筆数が多い「村の後」（No33. 126筆）は、舟ガ川沿い居村地の西寄りに位置する。

5）慶長から寛文において筆数が著しく減少、あるいは無（字消滅）になった字地は、とちの木沢（56筆から5筆）、はしば（49筆から6筆へ）、宮の平・宮平（49筆から無、※宮の脇・宮の前　43筆が登場）、ふねの沢（80筆から10筆、新たな「ふなくぼ」を加えも37筆）、あまくぼ（43筆から無）、さかりかわ（43筆から無）である。以上の字地の内で塩川流域の「さかりがわ」以外は、舟ガ川沿いの流域に位置する。

6）慶長から寛文において村関係の字の分化と増加が見られる。（「村の後」126筆から「西原村の内」「南新居」「東村の内」「村の内（4箇所）」に分化し、合わせて170筆へ増加）

7）慶長から寛文の増加は、ひかげ田（66筆から91筆へ）、小倉堺（分化している字も合わせて、10筆から54筆へ）、あつま（分化している字も合わせて、24筆から36筆へ）、いつもかいと（43筆から56筆へ）がみられる。これらの地は舟ガ川流域に位置し、字の分化と筆数の増加が目立つ。

8）寛文時に新たに字地が誕生し筆数の多いものに、ごうじ沢・江地沢・江地沢南（43筆）、西のくぼ（42筆）、ふじつか（40筆）、東沢（39筆）、はんの木（32筆※）があり、共に舟ガ川の中・下流域に位置する。また、塩川（No87. 92. 合計31筆）が塩川流域に登場する。また、地蔵堂（No65. 67. 82. 合計35筆）がある。

9）「塩川」は平沢村南と樫山村北側との境を大門川に向かって流れる塩川が、大門川に合流する辺りの位置に在る字地である。「塩川」（No87. 92.）31筆中に平沢村の入作が8筆ある。なお、浅川村寛文検地帳を見た時（B　浅川村　第二章1. 参照）に「塩川」（No25. 6筆）が在るが樫山村3筆と平沢村3筆が占め浅川村の耕作は無い。

　ここから見えることは、（入作の問題はさておき）寛文時になって樫山村、平沢村、浅川村が新たに「塩川」の開拓・領地獲得を始めたことが分る。

　以上の１．２．３．から、慶長時には舟ガ川の流域（「小倉」寄りの位置）に居村・耕作地が集中していることが見られる。また、慶長から寛文の舟ガ川流域の地名の消滅や筆数の著しい減がみられ、その一方で、新たな字の増大がみられ開発・開拓が増大したことが窺える。このことは、慶長から寛文時に舟ガ川流域の地勢の大変動（氾濫・災害による地形の変化、新たな開拓など）が在ったのではないか、居村の西への移動（**前述２節１．参照**）もこれに関連するのではないかと推察する。なお、居村の西への移動の時機については、慶長時に筆数の多い「村の後」（居村の後）が「西原」の位置に見られることから、すでに慶長時以前に始まっていたと云えるだろう。

　なお、また寛文時には樫山村、平沢村、浅川村により新たに塩川流域の開拓が行われたことが見られる。

２．樫山村西地区：深沢川流域等の著しい開発

Ａ－表７．樫山村西地区　慶長・寛文における筆数の多い字と変遷

慶長 筆数30以上の字 初出順 No.（筆数）、〈 〉内は他村筆数・村名		寛文 寛文時において慶長時に同名の字 ○は慶長時から寛文時に在る字　※類似字 初出順 No.（筆数）、〈 〉内は他村筆数・村名		
字	筆数	注）	字	筆数
まつはのそり　34.(42)、41.(43) 　＋〈28〉長沢、小倉、浅川	85 〈28〉	○ ※ ※	松場のそり　139.(15) 下まつば　140.(24) 上まつばそり　146.(14)	15 ※24 ※14
なか澤の上　37.(37) 　＋〈36〉長沢、小倉、浅川	37 〈36〉	※	中沢138.(9)、145.(26)	35
上ふか澤　24.(36) ふか澤のはけ　26.(6)	36 6	○ ○ ※	上ふか澤　111.(46) 深沢はけ　109.(5) 下深沢　112.(10)、114.(33)	46 5 ※43

上記以外、寛文時において筆数30筆以上の字（右側）および慶長時（左側）

字	筆数	注）	字	筆数
どろそこ・どのそこ　25.(2)、 45.(2)	4	○	どのそこ・どのそこ　115.(45)・ 　165.(27)	72
			はんの木　143.(42) 　＋〈10〉浅川・長沢・下津金	42 〈10〉
			道上　141.(34) ＋〈6〉浅川	34 〈6〉
つきの木坂　42.(27)	27	○	つきの木坂　132.〈46〉長沢	〈46〉
いけのくぼ　39.(12)	12	○	池の窪　148.(28) ＋〈6〉浅川 池の窪　150.(2) ＋〈2〉浅川	30 〈8〉

		平畠・たいら畠　120.〈38〉長沢・平沢	〈38〉
		新きょう屋敷　136.(37)	37

以上（A－表7）から、西地区において次の事が見られる。

1）川流域（大門川、川俣川）に沿って、字地が多く存る。

2）慶長時において筆数の多い字を順にみると、まつばのそり、中澤の上、上ふか澤・ふか澤のはけ、つきの木坂（No42. 27筆）がある。「まつばのそり」「中澤の上」は慶長時に小倉（平沢－前述）、浅川、長沢の各村からの入作があるが、「上ふか澤・ふか澤のはけ」、「つきの木坂」は樫山村だけで入作はない。

3）慶長から寛文に筆数の減少は、まつばのそり（113筆から15筆へ※下まつば24筆、上まつばそり14筆を加えると53筆）、中澤の上（73筆から無へ、※中沢35筆）が在る。

4）慶長から寛文における筆数増加では、どのそこ（4筆から72筆へ）、上ふか澤・ふか澤のはけ（42筆から51筆へ、下深沢43筆を加えると94筆になる）が顕著である（以上の字地に入作は無い）

5）寛文に筆数の多い字の中で、寛文に新たに誕生した字は、はんの木（※東にも同字異所あり。52筆　内10筆は浅川村・長沢村・下津金村の入作）、道上（40筆　内6筆は浅川村入作）、平畠・たいら畠（38筆　全部を長沢村37筆・平沢村1筆の入作）、新きょう屋敷（37筆）が在る。これらの字地は寛文以降に、新たに開拓された処で他村が競って入作したことが窺える。その中で「新きょう屋敷」のみ樫山村占有で他村の入作が無い。

6）寛文に筆数の多い字の中で慶長にも字が存在したのは、どのそこ・とのそこ（72筆─慶長時は4筆）、つきのき坂（46筆全部を長沢村の入作で占める─慶長時は27筆）、池の窪（38筆　内8筆は浅川村入作─慶長時は12筆）が在る。これらの字地は慶長時すでに開拓されていたが、寛文になり一層開拓が進展した処と云える。

7）入作について見たとき、慶長時入作は「まつばのそり」と「なか澤の上」のみであったが〈両者とも筆数が多い字〉、寛文時には入作増大により、新たな字の誕生・分化・増大が見られる。

8）慶長から寛文において筆数が著しく増加した「上ふか澤・ふか澤のはけ」「どろそこ・どのそこ」「いけのくぼ」の字地は、共に大門川中・下流域で樫山の居住地寄りにある。一方、慶長から寛文において筆数が減少した「まつばのそり」「なか澤の上」、また、「つきの木坂（増加の46筆は、総て長沢村の入作分）」の字は、ともに樫山村の東居住地から見ると距離的に最も遠い位置にある。

9）寛文になり新たに誕生した主な字に「はんの木」「道上」（共に他村の入作がある）、「平畠」（平畠は長沢村と平沢村─1筆のみで全て入作し樫山村の名請人はいない）がある。これらの字地は樫山村の東地区（居村）からは距離的に遠い位置にあり、浅川村、長沢村からの入作が多い。

　以上から、全体的にみて樫山村においては、寛文になると東地区の居村から距離的に最も遠い西の川俣川沿いの開拓・耕作は減じて、比較的居村に近い位置にある耕地の開拓・増加・拡大が見られる。特に、寛文時における大門川流域の樫山居住地寄りに位置する「下深沢」「どろそこ・どのそこ」の開発は顕著であった。

　ところで、寛文時に誕生した「新きょう屋敷」は筆数が多く、東地区からは遠い位置にある（川俣川から「つきの木坂」を上った念場の原に位置する）。「新きょう屋敷」は、他村の入作が無く樫山村占有地であることは特異的に見える。「新きょう屋敷」とは、どのような字地であったのか現在のところ不明である（**第一章二節　⑳参照**）。

おわりに

　第一章、第二章における「地名考」「御水帳分析」に基づき、第三章において若干の考察を付記した。この作業の過程で、慶長・寛文時の樫山村について、近世村落と暮らしの視点から新たな発見と共に多々疑問と課題が見えてきた。例えば、

1．慶長から寛文時における字・筆数・屋敷の増加と共に高い石高増加（逸見筋14ヵ村中3番目に高い）の一方で、耕地生産性においては最低である（逸見筋14ヵ村中2番目に低い）。寒冷で最も生産性の低い厳しい地において、最も高い石高を挙げたと云う特異性に疑問を抱く。この社会・暮らし、その背景はどのようであったのだろうか。

2．大門川を挟んで東・西地区に分けて見たことにより、樫山村は東の舟ガ川流域の居村区・泉福寺辺りを拠点に始まったこと、それは舟ガ川上流の「小倉」辺りにその居村が在ったが、後の慶長から寛文時の間に舟ガ川の異変（氾濫か）により寺の移動・居村の西側への進出・移動が推定された。また、当初の居村から「西村」、「東村」、「上手村」の順に居村（集落）が誕生していったことが推定された。

3．「入作」の近隣村々との錯綜・混沌状態から、近接する信州「小倉村」と樫山村の成立過程とその歴史において新たな疑問が生まれた。例えば『南牧村誌』に在る信州「小倉」の字地と甲州樫山村の「小倉」の字など共通地が在ること。また、「平沢部落は平安時代甲斐御牧中の柏前の牧の東北端に部落がつくられ甲斐国に属していた」（南牧村誌編纂委員会編　1986：52, 649）という記述などもあるが、検討が求められる。

4．慶長・寛文検地帳分析に照らして、伝承・聞取り調査や従来の歴史記述をみたとき、従来の歴史記述に合わない史実も見えてきた。
　ここでの「地名考」「御水帳分析」は新たな資料の一つとなる。

注

注1　「樫山ノ千福寺ハ本ト舟ガ川上ノ西方ニ在シヲ本村ノ舟窪ニ移セリ人戸ハ寺ノ上ヘ小念
　　（※小倉が正しい）ト云フ処ニ在シトモ云フ」（『国志』四七．古跡部第十）とある。泉福寺が
　　舟窪に移転した年や理由は不明である。なお、移転後の舟窪にあった泉福寺は明治五年に廃
　　寺となった。

注2　古代に「柏崎の牧」の存在が云われ、その根拠の一つに小倉に野馬平、南牧ヨセ、北牧ヨ
　　セ、懸札などの地名が残っている事が挙げられているが、これらの地名の云われる処は中世
　　より（建武2年（1335）の『大徳寺文書』参照）信州平沢村に属し、一方、樫山村領地も接
　　する。「小倉」については度々の境界争議の歴史が在る。近世から中世、古代へ遡り「牧」の
　　歴史、また「村」成立等について未知なことが多い。

注3　平成29年11月23日　高根郷土研究会が、弘化2年の絵地図（『樫山四-489』）を基に
　　現在の地を比較しながら探索した。会員の安達満氏によると、絵地図に在る「阿ま（雨、尼）
　　子屋橋」が現在の「つきの木橋（旧）」に該当し、また、「つきの木坂」が現在云われる弘法
　　坂に、「つきの木坂」を登って「信州往来」の左に在る石塔の位置が弘法水に、それぞれ該当
　　するのではないかと云う見解であった。また、同年11月初めに安達満氏は「御水神沢」「御
　　水神」の現地を探索し、山林の中に「御水神」および「あまごや」の水田跡を確認している。
　　なお、「御水神」については北村宏『八ヶ岳南麓の湧水と水神』（2015、2017）参照。

注4　ここで「入作」とは、御水帳の耕作地名請人に樫山村以外の村名・名請人が記されている
　　字地で、他村の名請人の耕作地は樫山村への「入作」として記した。入作は「入会地（入作
　　の権利が設定されている地）」にたいして行われた。だが、実際的に慶長から寛文初の頃の入
　　会地における入会権や村界などの設定は厳密ではなかった。例えば、慶長、寛文の検地帳記
　　載に複雑な状態でみられ、また、寛文検地帳では入作村が記されているが、慶長検地帳では
　　入作村が記されていないことからも、「村」の成立以前の様子が窺える。

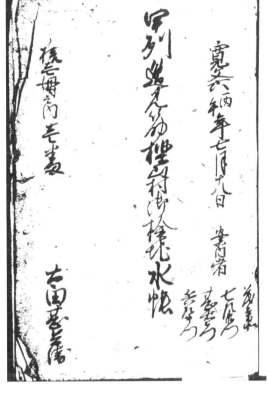

Ａ－写真１
慶長七年『甲州逸見筋樫山村御水帳』表紙
（山梨県立博物館所蔵）

Ａ－写真２
寛文六年『甲州逸見筋樫山村御検地水帳』表紙
（山梨県立博物館所蔵）

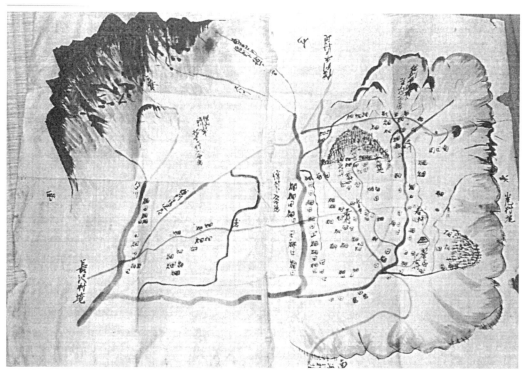

A−絵図1
「天保八年酉年八月　樫山村高家数人数並居村耕地など巡見様に差上の絵図」（控）
（山梨県立博物館所蔵　四-392）

※山王権現と記された左中央に神明宮が記されている。

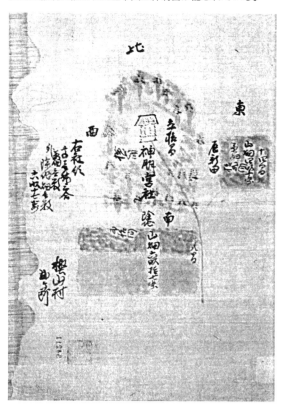

A−絵図2
「樫山村神明宮社々領絵図」（控　年不詳）
（山梨県立博物館所蔵　四-485）

※A─絵図1の神明宮か否か不明。
　"樫山村貳ヶ所"は不明。

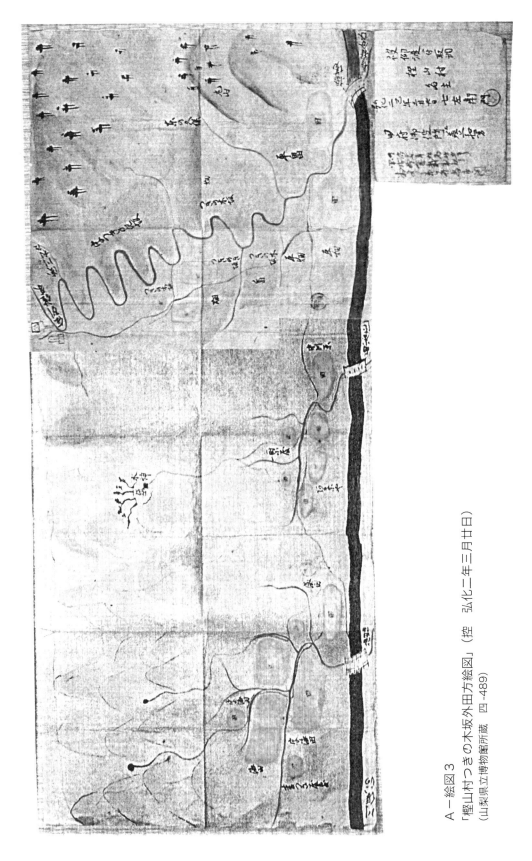

A－絵図3
「樫山村つきの木坂外坂外田方絵図」（控 弘化二年三月廿日）
（山梨県立博物館所蔵 四-489）

B

浅川村

地名考 および『御水帳』分析による歴史と変遷

はじめに

　第一章では、浅川村における慶長、寛文、明治、平成の地名比較から歴史を辿る。

　第二章では、慶長・寛文の『御水帳』解読分析結果を示す。そして、第三章では以上の第一章、第二章のまとめと若干の考察を記す。

　なお、第一章は『高根町地名誌』（1990　高根町郷土研究会編）の中の「清里村」（文責大柴宏之・谷口彰男）に基づく（引用または部分的に筆者が加筆・修正した）。

　以下、本文中では「字」「字名」「字地」「地名」は同じ意味で使う。また、『御水帳』は「検地帳」とも記して両方を用いる。なお、古文書中の解読不能な文字は□と記した。

第一章　浅川村地名考——慶長、寛文、明治、平成の地名比較

　位置、歴史、地名概要：八ヶ岳の東南麓標高 1,000m 付近に位置し、清里の南に続き、北、東、南は山に囲まれ、西は大門川の断崖に臨む要害の地である。

　浅川の地名の由来は深沢川（大門川）に対する名ともいう。中世期に繁栄したという根羽（念場）千軒が離散して、その一部が当村をひらいたともいう。浅川の郷名が見えるのは、天正 10 年 12 月 11 日（1582）の徳川家印判状であり、武田氏の旧臣で徳川方に帰順した津金衆の一員であった小尾祐光に「浅川之郷四貫五百文」ほか云々とある。

　浅川村は江戸期から明治 8 年までの村名で巨摩郡の内逸見筋に属す。また浅川は明治以降現在までの清里村の大字名で、昭和 31 年高根村、同 37 年高根町に属す大字名である。

一節　検地帳に在る字、明治期における役場登録の字

1．慶長 7 年（1602）『甲州逸見筋樫山之内浅川村御水帳』に在る字

　村の後、せき口、若宮、みやま田、いこ田、むかい田、深沢、岩下、ひくさば、岩の上、あまね坂、家の前、中瀬ふか澤、柳原、堀、西窪、はんのき澤、あいの原、ためが原、中澤　　　　　　　　　　　　　　　　　　　　　　　　　　　以上、字数20

2．寛文 6 年（1666）『甲州逸見筋浅川村御検地水帳』に在る字

　屋の上、こふか沢、ためか原、かみの原、はまいば、中沢入、中沢原、中沢、ゆやなぎ・湯柳・ゆ屋薙ぎ、志っぽち沢、西久保原、西久保、西久保梨の木沢、ひくさは・ひくさ場、深沢橋場、上あいの原、あいの原、□□、川窪、塩川、滝の上、小深沢、道あかど、水のかしら、ひゑ田、瀧の上、こし水、深沢、池の久保、がけ、まゆみ田、西の久保、西の久保道下、松はそり、下中沢、中沢道上、大わ座、三つかね沢、つきの木沢、へびくぼ、越水原、越水、かき畑、坂上、下坂上、はんの木、はんの木道下、くぞかわ・くぞ川、祖母ふとこ、だされ木、関上、関下、五郎屋敷、わで、ごわん、深山田、岩の上、坂下、ごうの田、ばら原、大久保、ふつくぼ、中そり志り、くね下、切畑、関、柳原、こいわ下、下かわら、大滝、深沢こし水、せんたな、深沢入、河原田、窪田、岩下、中沢尻、曲渕、宮坂、うぢ神ひら、中河原、大岩下、大岩下あまね坂、川原、あまね坂、かつ

ら、深沢岩の上、下深沢、わて、わて下、（以下、屋敷検地帳）玉権現領、神明領、若宮八幡宮、駒形明神領、御番屋敷、常蔵院。

以上、字数 97（91 字＋屋敷検地の玉権現領その他 6）

3．明治 8 年編纂　役場に登録された小字と地番

B−表1．役場に登録された小字と地番（明治 8 年編纂「清里村大字浅川分見図」より）

小字	地番	小字	地番
1．川久保	14 〜 96	13．膳棚	425 〜 593
2．小深沢	97-1 〜 106	14．久保田	386 〜 424
	125 〜 131	15．桂	562 〜 709-4
3．相之原	107 〜 124	16．半の木	710 〜 844
4．タメガ原	132 〜 143-3	17．下的場	845 〜 845-56
5．水頭	144-1 〜 156	18．水兼沢	846 〜 1,173
6．稗田	157-1 〜 194	19．氏神平	1,174 〜 1,544
7．シッポチ沢	264 〜 266-15	20．中反	1,545 〜 2,104-8
8．出口原	267-1 〜 267-6		2,508-2 〜 2,603-12
9．蛇久保	268-1 〜 274		2,721 〜 2,735-7
10．干草場	275-1 〜 275-52	21．前田	2,104 〜 2,508
11．越水	276 〜 345		2,604-1 〜 2,697-32
12．膳棚	246 〜 385	22．西久保	

二節　浅川村——明治、平成、慶長、寛文の地名比較一覧

　明治 6 年に役場登録された小字名と地番（B−表1.）に在る小字名を基本に、平成 2 年現在において左に該当する小字名の地を記した上で、その字に該当する慶長 7 年、寛文 6 年のそれぞれ検地帳に在る地名を記していった。その際、聞取り調査を行い、伝承および古文書に記されている事柄などを付記した。

　現在において古い字や伝承の調査を重ねたが、すでに不明になっていて手がかりの摑めない地名もあった。

　表の注※は、以下の如くである。

※1．役場に登録された小字名（B－表1．）。

　　　No.は整理上、記載順に沿って便宜的に付けたものである。

※2．平成2年現在使用、あるいは記憶にある小字名。No.①-㊿の場所は地図に示す（B

　　　－地図1．）。

※3．◎は慶長7年（1602）検地帳、○は寛文6年（1666）検地帳を示す。◎○の後の

　　　番号は字の初出順番である（第二章参照）。

　　　樫山村と記した箇所は、樫山村検地帳にも記されて在る字地である。

明治8年 (1875)		平成2年 (1990)		慶長7年（1602）および寛文6年（1666） 検地帳 ※3.		
No. 小字　※1.		No. 小字　※2.		慶長	寛文	文献記載、伝承、その他
1	川久保 (カワクボ)		川久保 (カワクボ)		○	○24. 川窪がある。
2	小深沢 (コフカサワ)		小深沢 (コフカサワ)	※◎	○	※◎7. 12. 深沢 ○2. こふか沢、20. 深沢橋場、28. 30. 小深沢、41. 深沢、97. 深沢こし水、99. 深沢入り、113. 深沢岩の上、114. 下深沢
				◎ 樫山村	○ 樫山村	※樫山村◎24. 上ふか沢、26. ふか沢のはけ ○109. 深沢はけ、111. 上深沢、112. 下深沢
3	相の原 (ソウハラ)		相の原 (ソウハラ)	◎	○	◎19. あいの原 ○22. 上あいの原、29. 40. あいの原
4	ためが原 (ハラ)		ためが原 (ハラ)	◎	○	◎20. ○3. 31.〈若尾資料〉に「タメガ沢」あり。
5	水頭 (ミズカシラ)		水頭 (ミズカシラ)		○	○33. 35. 水のかしら 湧水があり、「大清水、小清水」があると云うが現在不明。
6	稗田 (ヒエダ)		稗田 (ヒエダ)		○	○36. ひえ田
7	シッポチ沢 (サワ)		シッポチ沢 (サワ)		○	○14. 19. 志っぽち沢、〈若尾資料〉に「シッポチ梨の木沢〉あり
8	出口原 (デグチハラ)		出口原 (デグチハラ)			〈山梨県地誌稿〉その他二、三の資料に「出久」がある。
9	蛇久保 (ヘビクボ)		蛇久保 (ヘビクボ)		○	○62. へびくぼ
10	干草場		干草場	◎	○	◎9. ひくさば ○18. 43. 45. 47. 49. ひくさ場。〈山梨県地名鑑〉「干草場」あり。 ※樫山村○149. ひくさば
					○ 樫山村	

11 越水（コシミズ）	①	越水（コシミズ）滝の上（タキ ウエ）		○	○ 65. 63. 越水原、※ 97. 深沢こし水 現在大滝上に馬頭観世音文字塔 4 基がある。 旧東北中学校のあった所を云う。
12 膳棚（ゼンタナ） 13 膳棚（ゼンタナ）		膳棚（ゼンタナ）		○	○ 98. せんたな
14 久保田（クボタ）		久保田（クボタ）		○	○ 101. 窪田
15 桂（カツラ）		桂（カツラ）		○	○ 112. かつら
16 半の木（ハン キ）		半の木（ハン キ）	◎	○ ○ 樫山村	◎ 18. はんの木澤 ○ 69. 71. 70. はんの木道下 ※樫山村○ 7. 143. はんの木
	②	御玉石（オタマイシ）	 ◎ 樫山村	※ ○ 樫山村	※浅川村に「御玉石」は無い。ただし、寛文時の樫山村「御玉石」に浅川村入作 2 筆あり。（「玉野権現」については、本文 C 参照） ※樫山村◎ 40. おたまいし、35. おたまいし窪 ○ 147. 御玉石 11 筆（内 2 筆は浅川村入作）此処を流れる川の沢を「御玉沢」と云う。 「御玉沢」は「久曾川」に合流して「玉川」となる。 〈甲斐国誌〉「玉ノ権現」の項に「祠北三四町許リ隔テテ円形ノ美石三枚アリ相伝ヘテ権現ノ旧跡ト云フ此ノ処ヲ御玉沢ト字スコレ多麻ノ庄名ノ起ル所ナリ」とある。
	③	池の久保（イケ クボ）		○	○ 44. 池の久保
	④	久曾川（クゾガワ）		○	○ 72. くぞかわ・くぞ川
17 下的場（シモマトバ）	⑤ ⑥	上的場（カミマトバ） 下的場（シモマトバ）	 ◎ 樫山村	※○ ○ 樫山村	※○ 54. 松はそり ※樫山村◎ 34. 41. まつはのそり ○ 139. 松場のそり、140. 下まつは、146. 上まつ場そり <甲斐国誌>「根場ノ原」の項に「…的場ノ反ト云フ処古戦場ニテ矢ノ根ナドヲ拾フト云フ…」とある。現在は消えた地名である。

18 水兼沢 (ミズカネサワ)	水兼沢 (ミズカネサワ)		○	○ 59. 三つかね沢 〈山梨県地誌稿〉には「水金沢」とある。現在「倉沢橋」が架っており、古地図に「から沢」ともあるので、「水かれ沢」から「水兼沢」、「から沢」から「倉沢」となったとも思われる。
	⑦ から堀 (ホリ)	※		「清次窪」の南の沢を云う。 ※◎ 16.「堀」があるが同処かどうか不明。
	⑧ さがり			現在、ダムによって水没した旧弘法坂ぞいの田があった所。
	⑨ 大王沢 (ダイオウサワ)		○	○ 58. 61. 大わ座
19 氏神平 (ウジガミヒラ)			○	○ 106. うち神ひら　〈山梨県地誌稿〉に「氏神平セギ」がある。
	⑩ 坂の上 (サカ ウエ)		○	○ 67. 坂上、68. 下坂上
	⑪ あまね坂 (ザカ)	◎	○	◎ 11. あまね坂 ○ 111. あまね坂　109. 大岩下あまね坂 〈清里村区有文書〉に「尼坂、尼ケ坂」があるが、同所か不明。
	⑫ 上屋敷 (カミヤシキ) ⑬ 下屋敷 (シモヤシキ)			〈峡北神社誌〉に（以下、要約）「根場千軒は天文年間、海ノ口の合戦の折四散した。その一部が氏神平に転じ、その辺大門川添いに浅川部落をなした。今に上屋敷、下屋敷と字名になっている」とある。
	⑭ 大岩下 (オオイワシタ)	◎	○	◎ 8. 岩下　10. 岩の上 ○ 81. 岩の上、102. 岩下、108. 大岩下、109. 大岩したあまね坂 〈山梨県地誌稿〉に「岩ノ下セギ」がある。
	⑮ 西向川 (ニシムカワ)			
	⑯ だされぎ		○	○ 74. だされ木　「だざれせんぎ」か？
	⑱ 曲り淵 (マガ フチ)		○	○ 104. 曲淵 「玉の権現」直下に「雨乞い淵」があり、〈甲斐国誌〉には「玉の淵、権現淵、蜘蛛ガ淵、筬ガ淵、曲り淵」がある。
20 中反 (ナカソリ)	中反 (ナカソリ)		○	○ 88. 中そり志り
	⑲ 北なぎ			〈山梨県地誌稿〉に「北奈宜セギ」がある。

⑳	深沢橋場	※◎	※○	※◎7.12.「深沢」、14.「中瀬ふか澤」 ○20.※2.「こふか沢」 〈甲斐国誌〉に「往来橋浅川村ニ至リ長サ八間横四尺木橋ナリ」とあり、また〈山梨県地誌稿〉には「往来橋佐久往還玉川ノ上流ニアリ〉と記されているが、現在「往来橋」は伝承にもない。「深沢橋場」と「往来橋」が同一か否かは不明。
		※◎ 樫山村	※○ 樫山村	※樫山村◎26.「ふか澤のはけ」がある。 ※樫山村○109.111.112.114.に類似字。
㉑	きょうようじ			文献にも口伝にもない。
㉒	ずんぐり坂			
㉓	大久保		○	○86.
			○ 樫山村	※樫山村○10.大久保、58.大窪
㉔	切畑		○	○92.
㉕	久根下		○	○89.くね下
㉖	やなぎ原	◎	○	◎15.柳原 ○93.柳原
㉗	下河原		○	○※107.「中河原」あり。
㉘	蟹原			ガンパラと呼ぶ
㉙	宝成院			〈甲斐国誌〉「当山修験祇園寺触下七十箇院宝成院」の内に「宝成院 浅川村」があり、〈若尾資料〉には「浅川山宝成院（清水清海）浅川区ニアリ」とある。
㉚	道通			〈甲斐国誌〉に「上様御城跡　浅川村　村ノ坤位道通ト云フ処ニ二十間ニ三十間許リノ平地ナリ里伝ニドウキノカミト云フ之ニ居ルト云フ何人ナルヲ知ラズ山本道鬼伝授ノ縄ニテ築クト云フベキヲ訛ルニヤ（中略）津金衆ノ増築シテ御座所ノ設ケトナシタルト云フハ此処ナリ服部半蔵此レニ在リテ津金衆ト牒シ合セ後ニ江草ノ砦抜クトキ魁セシト見エタリ」云々とあり、また、「樫山、浅川ニ一構ヘノ要害ニシテ堺内又狭小ニアラズ険ニ倚リテ衛ラバ外侵ノ憂ヘナカランカ」ともある。現在も土塁をめぐらした屋敷跡があり、〈日本城郭大系〉は「浅川砦、不詳」としている。「道通」は「中反、前田」にまたがるとの事であるが、字界図で見るかぎり「中反」分である。

	㉛	ごんた	○	○ 84. ごうの田　六地蔵幢のある所の田で「郷田」であると云う。「前田」に属するとの事であるが字界図を見るかぎり「中反」分である。
	㉜	保久の上 （ホク　ウエ）	※○	※○ 87.「ふつくぼ」あり。
	㉝	御釜石地蔵 （オ カマイシ ジ ゾウ）		〈若尾資料〉に「浅川区ノ村尻ニアリ石ノ釜ノ中ニ鎮座ス形小ニシテ重量約一貫五百匁位相対シテ六地蔵アリ年号不明」とあり、また、雨ごいとして「浅川区ニテモ玉ノ権現ニ祈願ス祈願験メナキトキハ御釜地蔵ヲ請ジテ玉川神社境内前ニアル弁天池ニ沈ム験忽チ顕ハル後再モトノ御釜ニ連レ帰リ安置セシム今ニソノ地蔵道傍ノ石ホコラノ内ニ鎮座アリ不思議ナ地蔵ナリ」とあり、現在も同地に鎮座ましましているが、不思議なことに浅川地区には全くこの伝承が残っていない。津金方面からの古道の跡が残り、念仏供養塔一基が横に建っている。昔、此処に番所があったとも云う。
	㉞	金山 （カナヤマ） （水晶山） （スイショウヤマ）		〈甲斐国誌〉に「水晶山」として「浅川村ノ玉ノ権現山宮ノ対岸ニ在リ玉川ヲ隔テテ壁立峭刻ナリ石英ヲ産シ蓋シ津金山ノ背面ナリ」云々とある。
	㉟	日影畑 （ヒ カゲハタケ）		
	㊱	忠九郎山 （タダシ ク ロウヤマ）		昔、忠九郎と云う者がこの山で見張りをしていたと云う。
21 前田 （マエダ）		前田 （マエダ）		〈慶長、寛文検地帳〉に「前田」の字は無い。〈甲斐国誌〉にも見られないが、〈峡北神社誌〉（1962 年刊）に玉川神社について「……（略記）従来の社地を奥宮とし、氏神平より現在の前宮を部落内前田と云う所に移し、元文 5 年（1740）に工を起し、翌寛保元年（1741）中に完成した」とある。
	㊲	みずがき		〈甲斐国誌〉に「樫山浅川ノ二村ノ間絶壁数十丈ノ処ヲ瑞籬山ト云フ」（山川部）とあり、又「下ニ深沢川急流ヲ帯ブ其ノ絶頂ニ近キ処ニ古時ノ佐久河上路アリ」（古跡部）とある。地元では昔、水を引いたがすぐ崩れてしまったので「みずがき」と云ったと云う。寛文 13 年（1673）信州平沢地区内の大門川を水源とする「津金セギ」は樫山村を大きく迂回して「みずがき」で工事未完となっている、と云う伝承もある。

㊳	日向 林 (ヒナタベーシ)			玉川神社前の林を云う。
㊴	わで		○	○ 78. 115. わて、116. わて下
㊵	新 林 (アラタハヤシ)			
㊶	五郎屋敷 (ゴロウヤシキ)		○	○ 77. 玉川神社の南にあり、玉川神社造営の大工棟梁の五郎の住んでいた処と云う。
㊷	弁天池 (ベンテンイケ)			玉川神社前の池で、水神の祠が祀ってある。
㊸	番屋 (バンヤ)	※◎	※○	※◎ 2. せき口 ※○ 75. 関上、76. 関下、91. 関 「御関所」とも云う。<甲斐国誌>には「本村ニ口止メ番所アリ平沢口ノ別道ナリ」とあり、<北巨摩郡誌>には「浅川番所」として「浅川区の中央に在り、旧樫山区に在りしを移せしものなり」とある。
㊹	ごあん		○	○ 79. ごわん 「御安堂」と関係があるかか？
㊺	水神森 (スイジンモリ)			浅川区東部にある水源地で「水神祠」が祀られている処。〈甲斐国社記寺記〉「玉の大権現」の項に「前宮より二丁斗り東に水神の祠御座候　此所より水涌出申候　是則玉川の水本に御座候　祭三月十八日」とある。
㊻	みやま	◎	○	◎ 4. みやま田 ○ 80. 82. 深山田
㊼	駒形明神 (コマガタミョウジン)		○	○ 120. 駒形明神領　<甲斐国誌>「玉ノ権現」の項に「駒形明神諏訪ノ神ヲ祀ル　古ヘ牧場ノ守護神ナリト云フ」とある。 現在は玉川神社に「駒形明神」の額がある。
㊽	剣ヶ峰 (ケンミネ)			山頂に剣が立ててあったと云うが、現在はない。
㊾	かっとがり			
㊿	しょうぶがり			
51	かじ屋敷			昔、鍛冶屋敷があったという。
52	馬捨場			

消えた小字（特殊例）

22　西久保			※◎	※○	※◎ 17.西窪. ※○ 15. 16. 17.西久保原、西久保梨の木澤、51. 52. 53.西ノ久保、西ノ久保道下　古地図には現在の東念場区・八ヶ岳区付近に記され、寛文検地帳にもあり、又〈若尾資料〉にも「西久保」とあり、〈山梨県地名鑑〉にも大字浅川に「西久保」とあるが、現在、浅川の人たちのだれも「西久保」を知る人がいない。
中沢			※◎	※○	※◎ 21.海の口、平沢、長沢の各村の入作名請人が記されている。 ※○ 8. 11. 13. 56.他類似字に 6. 7. 10. 55. 57. 103 などあり、平沢村の入作が多い。　明治初めの清里村分見図には北側に飛び石の様に字地が在るが、現在は忘れられている字である。

B－地図1．浅川村

① 滝の上
② 御玉石
③ 池の久保
④ 久曾川
⑤ 上的場
⑥ 下的場
⑦ から堀
⑧ さがり
⑨ 大王沢
⑩ 坂の上
⑪ あまね坂
⑫ 上屋敷
⑬ 下屋敷
⑭ 大岩下
⑮ 西向川
⑯ だされぎ
⑰ 中河原
⑱ 曲り淵
⑲ 北なぎ
⑳ 深沢橋場
㉑ きょうようじ
㉒ ずんぐり坂
㉓ 大久保
㉔ 切畑
㉕ 久根下
㉖ やなぎ原
㉗ 下河原
㉘ 蟹原
㉙ 宝成院
㉚ 道通

㉛ ごんた
㉜ 保久の上
㉝ 御釜石地蔵
㉞ 金山（水晶山）
㉟ 日影畑
㊱ 忠九郎山
㊲ みずがき
㊳ 日向林
㊴ わで
㊵ 新林
㊶ 五郎屋敷
㊷ 弁天池
㊸ 番屋
㊹ ごあん
㊺ 水神森
㊻ みやま
㊼ 駒形明神
㊽ 剣ヶ峰
㊾ かっとがり
㊿ しょうぶがり
51 かじ屋敷
52 馬捨場

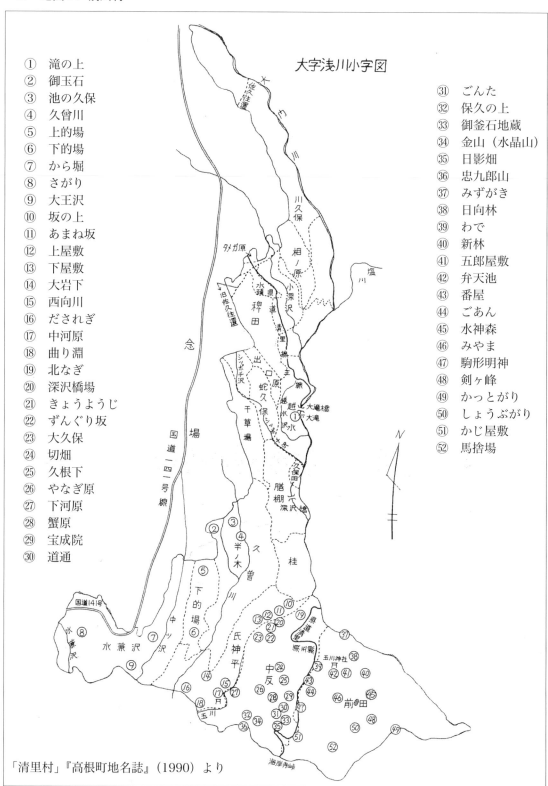

大字浅川小字図

「清里村」『高根町地名誌』(1990) より

第二章　『御水帳』解読分析──浅川村　慶長および寛文

一節　慶長7年（1602）『甲州逸見筋樫山之内浅川村御水帳』解読分析

1．浅川村慶長7年　字・筆数・その他一覧

※1　慶長7年の検地日は10月23日、1日のみ

※2　整理上、便宜的に検地帳に付けた頁番号で筆者による。

※3　字の初出順No

※4　〈　〉内筆数は他村の耕作者（入作）によるもの

※5　左と同一字の再出、初出No.字（※類似字）

※6　〈　〉内他村。数値は筆数

検地日 ※1	頁 ※2	初出順No ※3	字	筆数 ※4	再出 初出No. ※5	備考 他村、寺社関係　その他 ※6
壬寅 10月23日	2	1	村の後	27		
	5	2	せき口	43		
	11	3	若宮	22		
	14	4	みやま田	13		
	15	5	いこ田	11		
	17	6	むかい田	〈1〉26		〈樫山　1（樫山の善九郎）〉
	20	7	深沢	42	12.※14.	
	25	8	岩下	3	※10.	
	26	9	ひくさば	1		
	26	10	岩の上	39	※8.	海岸寺　1、正光寺　1
	31	11	あまね坂	14		
	32	12	深沢	37	7.※14.	玉の権現領（源丞）　1、あり
	37	13	家の前	29		海岸寺　1
	41	14	中瀬ふか澤	4	※7.12.	
	41	15	柳原	21		
	44	16	堀	1		
	44	17	西窪	18		

46	18	はんの木澤	34		海岸寺　1	
※「あいの原これより平沢より入作」とある。						
50	19	あいの原　※	〈14〉		〈海の口1.〉〈平沢13.〉	※7
52	20	ためが原	〈13〉　50		〈川上1.海の口5.広瀬1.長沢6.〉	※8
60	21	中沢	〈4〉　13		〈海の口2.平沢1.長沢1.〉	※9
浅川村　慶長合計　21字（再出含む）〈32〉448　合計480筆						

※7　浅川村の筆数は無い
※8　浅川村　50筆
※9　浅川村　13筆

2．浅川村慶長7年　田、畑合計

検地月日	頁	田、畑　合計
10月23日	62	一. 下田　　　8反4畝　5歩　此内　　　　1畝26歩□付着
		一. 下々田　　　8反1畝　4歩　此内　　　　1畝29歩　付着
		田合　　1町6反5畝　9歩
	63	一. 中畠　　　5反5畝23歩
		一. 下畠　　　8反1畝29歩
		一. 下々畠　7町8反5畝11歩　此内　　　3畝28歩　付着
		一. 山畠　13町6反7畝29歩　此内　2反3畝22歩　付着
		畑合　　22町9反1畝　2歩
		田畑合　　24町5反6畝11歩

3．浅川村慶長 7 年　屋敷数・名請人・規模・分布

※屋敷 No は整理上筆者による。

検地月日	頁	屋敷No	間・間	坪数	名請人
10月23日	63	1	12・6	7 2	新七朗
		2	13・12	1 5 6	与十郎
	64	3	7・5	5 0	清七郎　1 5 歩入
		4	6・5	6 0	善六　　　3 0 歩入
		5	4・9	3 6	新四朗
		6	8・7	5 6	善五朗
		7	7・6	4 2	善兵衛
		8	7・3	2 1	清左衛門
		9	10・6	6 0	源丞
		屋敷合 5 5 3 坪			
	65	10	右の外 10・5	5 0	口留　番所

壬刁　　拾月廿三日　　　　　　田沢勘丞　　印判

吉岡喜三郎　　印判

御墨付　　本書五拾弐枚　　　　岡本三右衛門　　印判

写本六拾五枚　　上紙□□

屋敷 9 の規模内わけ　（最大 156 坪、最小 21 坪）

坪数	件数
1 5 0 － 1 5 9	1
7 0 － 7 9	1
6 0 － 6 9	2
5 0 － 5 9	2
4 0 － 4 9	1
3 0 － 3 9	1
2 0 － 2 9	1
合計	9
※口留番所　5 0	1

二節　寛文6年（1666）『甲州逸見筋浅川村御検地水帳』解読分析

1．浅川村寛文6年　字・筆数、その他一覧

※1　寛文6年の検地日は7月18日、19日、20日、21日の4日

※2　整理上、便宜的に検地帳に付けた頁番号で筆者による。

※3　地名の初出順No.

※4　〈　〉内筆数は、他村の入作によるもの

※5　左と同一地名の再出、初出No．字（※類似字）

※6　〈　〉は他村入作筆数

検地日 ※1	頁 ※2	初出順No. ※3	字	筆数 ※4	再出 初出No. ※5	備考 他村、寺社関係　その他 ※6
7月18日 5冊の1	2	1	屋の上	〈11〉	21	〈平沢村　11〉
	3	2	こふか沢	〈1〉	28．30．64．※20．41．97．99．113．114．	〈平沢村　1〉
	3	3	ための原	〈15〉	31．	〈平沢村　15〉
	5	4	かみの原	〈19〉		〈平沢村　19〉
	7	5	はまいば	〈2〉		〈平沢村　2〉
	8	6	中沢入	〈8〉	※7．8．10．11．13．55．56．57．103．	〈平沢村　8〉
	9	7	中沢原	〈2〉	※6．8．10．11．13．55．56．57．10．	〈平沢村　2〉
	9	8	中沢	〈4〉	11．13．56．※6．7．10．55．57．103．	〈平沢村　4〉
	9	10	中沢原	〈3〉	※6．7．8．11．13．55．56．57．103．	〈平沢村　3〉
	10	11	中沢	〈2〉	8．13．56．※6．7．10．55．57．103．	〈平沢村　2〉
	10	12	ゆ屋薙ぎ・湯柳	〈8〉		〈平沢村　8〉
	11	13	中沢	〈1〉	8．11．56．※6．7．10．55．57．10．	〈平沢村　1〉
	11	14	しっぽち沢	〈15〉	19．	〈※三蔵　1、平沢　14〉
	13	15	西久保原	3	※16．17．42．51．52．53．	
	13	16	西久保	〈12〉6	42　※15．17．51．52．53．	〈平沢　9〉〈長沢　3〉

16	17	西久保梨の木沢	〈6〉 2	※ 15. 16. 42. 51. 52. 53.	〈平沢　6〉
17	18	ひくさば	6	43. 45. 47. 49.	
17	19	志っぽち沢	〈1〉 10	14.	〈平沢　1〉
19	20	深沢橋場	〈3〉	※ 2. 28. 30. 41. 64. 97. 99. 113. 114.	〈平沢　3〉
19	21	屋の上	〈6〉 2	1.	〈平沢　6〉
20	22	上あいの原	〈17〉	※ 29. 40.	〈平沢　17〉
23	23	□□？	〈5〉		〈平沢　5〉
23	24	川窪	〈3〉		〈平沢　3〉
24	25	塩川	〈6〉	27.	〈樫山　3（角兵衛　3)〉〈平沢　3〉
24	26	瀧の上	〈1〉	37. 39.	〈平沢村　1〉
25	27	塩川	〈3〉	25.	〈平沢　3〉
25	28	小深沢	〈7〉	2. 30. 64.　※ 20. 41. 97. 99. 113. 114.	〈樫山　4〉〈平沢　3〉
26	29	あいの原	〈6〉	※ 22. 40	〈平沢　6〉
27	30	小深沢	〈5〉	2. 28. 64.　※ 20. 41. 97. 99. 113. 114.	〈平沢　5〉
27	31	ためか原	〈8〉	3.	〈平沢　8〉
28	32	道あかど	〈3〉	34.	〈平沢　3〉
29	33	水のかしら	〈17〉	35.	〈平沢　17〉
31	34	道あかど	〈6〉	32.	〈平沢　6〉
31	35	水のかしら	〈22〉	33.	〈平沢　22〉
34	36	ひえ田	〈2〉 23		〈平沢　2〉
37	37	瀧の上	2	26. 39.	
38	38	こし水	〈1〉		〈平沢　1〉
38	39	瀧の上	〈1〉	26. 37.	〈平沢　1〉
38	40	あいの原	〈1〉	※ 22. 29.	〈平沢　1〉
38	41	深沢	〈1〉	※ 2. 20. 28. 30. 64. 97. 99. 113. 114.	〈平沢　1〉

以上、〈234〉54　合 288 筆
〈234〉筆は入作。内訳は、平沢村　227 筆、樫山村　7 筆（塩川　3、小深沢　4）
54 筆は浅川村（西久保原　3、西久保　6、西久保梨の木沢　2、ひくさば　6、
　　　志っぽち沢　10、屋の上　2、ひえ田　23、瀧の上　2)

畑合　21町5反7畝10歩（※検地帳記載のまま）

わけ　下々畑　4町5反5畝2歩
山畑　17町8畝8歩

7月19日 5冊の2	2	42	西久保	16	16.※15.17.	常蔵院2.
	4	43	ひくさば・ひくさ場	12	18.45.47.49.	
	5	44	池の久保	1		
	5	45	ひくさ場	8	18.43.47.49.	
	6	46	がけ	2	48.	
	6	47	ひくさ場	2	18.43.45.49.	
	7	48	がけ	1	46.	
	7	49	ひくさ場	2	18.43.45.47.	
	7	50	まゆみ畑	23		海岸寺1.
	10	51	西ノ久保	10	※16.15.17.42.52.53.	
	11	52	西ノ久保道下	4	※16.15.17.42.51.53.	
	12	53	西ノ久保	5	※16.15.17.42.51.52.	
	12	54	松はそり	26		海岸寺　2
	15	55	下中沢	13	※6.7.8.10.11.13.56.57.103.	
	17	56	中沢	24	8.11.13.　※6.7.10.55.57.103.	
	20	57	中沢道上	1	※6.7.8.10.11.13.55.56.103.	
	20	58	大わ座	23	61.	
	23	59	三つかね沢	27		常蔵院　1
	26	60	つきのき沢	8		
	27	61	大わ座	4	58.	常蔵院　1
	28	62	へびくぼ	31		
	32	63	越水原	〈1〉3	※65.38.	〈平沢1〉
	32	64	小深沢	〈4〉13	2.28.30.※20.41.97.99.113.114.	〈平沢　4〉　常蔵院　1
	34	65	越水	17		
	37	66	かき畑	3		
	37	67	坂上	18	※68.	
	39	68	下坂上	8	※67.	
	40	69	はんの木	8	71.※70.	
	41	70	はんの木道下	5	※69.71.	
	42	71	はんの木	13	69.※70.	常蔵院　1
	43	72	くぞかわ・くぞ川	33		
	48	73	祖母ふとこ	11		
	49	74	だされ木	4		
			以上、〈5〉379　合384筆			

田畑合　２０町２反９畝５歩（※検地帳記載のまま）
わけ　下々田　　　　　　　４畝１４歩

下々畑　　５町７反７畝１４歩
山畑　　１４町４反７畝７歩
畑□　２０町２反４畝２１歩

			名		備考	
7月20日 5冊の3	2	75	関上	2	※76. 91.	
	2	76	関下	14	※75. 91.	
	4	77	五朗屋敷	64		
	12	78	わで	31	※115. わて 116. わて下　と異地？	
	15	79	ごわん	6		
	16	80	深山田	33	82.	
	20	81	岩の上	1	※113 深沢は別にした.	
	20	82	深山田	3	80.	
	21	83	坂下	1		常蔵院1.
	21	84	ごうの田	13		
	23	85	(は)ばら原	1		
	24	86	大久保	29		常蔵院　2
	27	87	ふつくぼ	7		
	27	88	中そり志り	16		
	29	89	くね下	20		
	32	90	切畑	4	92.	
	32	91	関	3	※75. 76.	
	33	92	切畑	14	90.	
	34	93	柳原	6		

以上、268筆

田畑合　５町７反６畝１９歩
わけ　　下田　　１町１反６畝２３歩
　　　　下々田　１町７反８畝１５歩
田□　２町９反５畝　８歩

中畑　　　　２反７畝２０歩
下畑　　　　７反３畝２８歩
下々畑　　　５反５畝２１歩
山畑　　１町２反４畝　２歩
畑□　２町８反１畝１１歩

※　5冊の内の4（7月21日検地）が欠如（マイクロフィルム無し、不明）、
　　1990年『高根町地名誌』にある字を記しておく。

7月21日　5冊の4　※マイクロ　フィルム　なし	94	こいわ下			
	95	下かわら			
	96	大滝			
	97	深沢こし水		※ 2. 20. 28. 30. 41. 64. 99. 113. 114.	
	98	せんたな			
	99	深沢入		※ 2. 20. 28. 30. 41. 64. 97. 113. 114.	
	100	河原田			
	101	窪田			
	102	岩下		※ 108. 大岩下　109. 大岩下あまね坂	
	103	中沢尻		※ 6. 7. 8. 10. 11. 13. 55. 56. 57.	
	104	曲淵			
	105	宮坂			
	106	うぢ神ひら			
	107	中河原			
	108	大岩下		※ 102. 109.	
	109	大岩下あまね坂		※ 112. 111.	
	110	川原			
	111	あまね坂		※ 109	
	112	かつら			
	113	深沢岩の上		※ 2. 20. 28. 30. 41. 54. 97. 99. 114.	
	114	下深沢		※ 2. 20. 28. 30. 41. 64. 97. 99. 113.	
	115	わて		※ 116. 78. とは異地か？	
	116	わて下		※ 115 78. とは異地か？	
	筆数　不明				
田畑合　不明 わけ　不明					

7月22日 5冊の5	117	玉権現領	1		
	118	神明領	1		
	119	若宮八幡領	1		
	120	駒形明神領	1		
	121	御番屋敷	1	※検地帳の屋敷（5冊の5）屋敷 No. 31。	
	122	常蔵院	1	※同上 屋敷 No. 28	
	以上　6筆				

浅川村　寛文合計　122 字（再出含む）〈239 ＋ ？〉707　合計 946 筆 ＋ 5 冊の 4 欠分

２．浅川村寛文6年　田、畑、屋敷合計

検地日	頁	※　屋敷数・名請人・規模などは次の**3.** に記載
7月22日 5冊の5	6	**屋敷合　6反5畝26歩** 5柵之寄 下田　　　1町3反6畝14歩　　　九 下々田　　3町5反2畝17歩　　　七　　　　田□　　　　4町8反9畝1歩 中畑　　　　8反7畝22歩　　　六 下畑　　　1町　2畝11歩　　　三 下々畑　11町4反6畝22歩　　　二 山畑　　38町6反7畝14歩 屋敷　　　　6反5畝26歩　十二　　　**畑屋敷※　52町7反　　5歩**
	7	**田畑屋敷合　57町5反9畝6歩** **高　　　　　114石8斗1升1合** 　　　　　　　　　　　午　7月23日　　早川三左衛門　㊞ 　　　　　　　　　　　　　　　　佐藤新左衛門　㊞ 　　　　　　　　　　　　　　　　原田治右衛門　㊞ 　　　　　　　　　　　　　　　　飯山善右衛門　㊞ 　　　　　　　　　　　　　　　　野田七朗兵衛　㊞
	7,8	右の外除之地 下々畑　　　3畝　　歩　　　　権現領　　　是は先水帳ニ際在之ニ付如此 下々田　1反1畝26歩　　　　同領分 下々田　1反8歩　　　　　　神明領 下々田　　　8畝11歩　　　　若宮八幡領 山畑　　　　8畝26歩　　　　駒形明神領

（備考）※検地帳記載のまま

B－表2. 渓川村寛文6年　田、畑、屋敷、合計　※ 表は検地帳の記載に基づき作成

検地日	No.	頁	田畑合				下田				下々田				田合計				中畑				下畑				下々畑				山畑				畑合計				居敷合計（5冊の5）			
			町	反	畝	歩	町	反	畝	歩	町	反	畝	歩	町	反	畝	歩	町	反	畝	歩	町	反	畝	歩	町	反	畝	歩	町	反	畝	歩	町	反	畝	歩	町	反	畝	歩
7月18日	1	38	21	5	7	10	1	3	6	14	3	5	2	17	4	8	9	1													16	6	8	9								
7月19日	2	49 50	20	2	9	5																							4	14	20	2	4	21								
7月20日	3	35 36	5	7	6	19																																				
7月21日	※4																																									
7月22日	※5	5																																								
5冊之部	5	56	56	9	3	10									4	8	9	1																	52	0	4	9		6	5	26

田合計　4町8反9畝1歩
畑合計　52町4畝9歩
居敷合計　6反5畝26歩

田・畑合計　56町9反3畝10歩　（田・畑合計　56町9反3畝10歩　高114石8斗1升1合）

田・畑・居敷合計　57町5反9畝6歩

※　7月21日　5冊の内の4冊はマイクロフィルム欠、検地帳の所在が不明。
※　7月22日　5冊のうち5は居敷検地
※　畑合計、田畑合計は検地帳に記載なし、筆者による。

3. 浅川村寛文6年　屋敷数・名請人・規模・分布

※　屋敷No.および坪数は、筆者が付記した。検地帳は畝歩で記されている。

検地月日	頁	屋敷No.	間×間		坪数※	畝歩	屋敷名請人	
7月22日　5冊の5	2〜5	1	8	・6	48	1畝18歩	庄左衛門	
		2	8	・8	64	2畝4歩	権十郎	
		3	8	・5	40	1畝14歩	半三郎	
		4	7	・6	42	1畝12歩	佐左衛門	
		5	10	・8	80	2畝20歩	忠右衛門	
		6	12	・7	84	2畝24歩	勘右衛門	
		7	20	・5	100	3畝20歩	与兵衛	
		8	10	・6	60	2畝	庄兵衛	
		9	10	・6	60	2畝	長八郎	
		10	14	・4.5	63	2畝3歩	四朗兵衛	
		11	12	・9	108	3畝18歩	次郎助	
		12	8	・4.5	36	1畝6歩	茂右衛門	
		13	7	・3	21	21歩	忠右衛門	
		14	10.5	・7	73.5	2畝13歩	三右衛門	
		15	8	・7	56	1畝26歩	市兵衛	
		16	13	・5	65	2畝5歩	九兵衛	
		17	10	・7	70	2畝10歩	源之丞	
		18	12	・8	96	3畝6歩	源助	
		19	11	・8	88	2畝28	五朗兵衛	
		20	10	・5	50	1畝20歩	六左衛門	
		21	8	・7.5	60	2畝	五朗助	
		22	16	・7	112	3畝22歩	庄之助	
		23	9	・8	72	2畝12歩	庄三郎	
		24	15	・12	180	6畝	角兵衛	
		25	10	・5	50	1畝25歩	彦右衛門	
		26	5	・3	15	15歩	□十郎	
		27	6	・5.5	33	1畝3歩	三蔵	
		28	7	・5	35	1畝5歩	常蔵院	
		29	11	・4.5	49.5	1畝19歩	久右衛門	
		30	7	・5	35	1畝5歩	市左衛門	
		31	5	・2.5	12.5	12歩	御関所　御番屋敷	

屋敷 31 の規模の内わけ（最大 180 坪、最小 12.5 坪）

坪数	件数
180	1
120－129	
110－119	1
100－109	2
90－99	1
80－89	3
70－79	3
60－69	6
50－59	3
40－49	4
30－39	4
20－29	1
10－	1
合計	30
※御関所　12.5	1

三節　浅川村　『御水帳』慶長７年と寛文６年の田・畑・屋敷比較

　浅川村における慶長・寛文の『御水帳』解読・分析による田、畑、字数、筆数、石高および屋敷数、規模の分布の比較を一覧表にして示す（B−表3-1. B−表3-2.）。

１．浅川村　慶長・寛文　田、畑、字数、筆数、石高比較

B−表3-1. 浅川村　田、畑、字数、筆数、石高―慶長７年、寛文６年の比較―

		慶長７年（１６０２）					寛文６年（１６６６）					寛文／慶長
		町	反	畝	歩		町	反	畝	歩	石盛（斗）	
田	下田		8	4	5	此内　　1畝26歩付着	1	3	6	14	9	1.6
	下々田		8	1	4	此内　　1畝29歩付着	3	5	2	17	7	4.3
	田合	1	6	5	9	（田割合　　7％）	4	8	9	1	（田割合　　9％）	3.0
畑	中畑		5	5	23			8	7	22	6	1.6
	下畑		8	1	29		1	0	2	11	3	1.2
	下々畑	7	8	5	11	此内　　3畝28歩付着	11	4	6	22	2	1.5
	山畑	13	6	7	29	此内2反3畝22歩付着	38	6	7	14	1	2.8
	畑合	22	9	1	2	（畑割合　93％）	52		4	9	※　（畑割合　91％）	2.3
田・畑合		24	5	6	11		56	9	3	10	※	2.3
字数		20（再出含む　21）					97（再出含む　122）					4.9 (5.8)
筆数		480					946＋4冊目欠					2.以上
石高		記載なし 50石5斗（慶長小高帳）					114石8斗1升1合					2.3

　　　　　　　　　　　　　　　　　　　　※　畑合、田畑合は検地帳に記載なし

２．浅川村　慶長・寛文　屋敷数、規模分布比較

Ｂ－表3-2.　浅川村　屋敷数・規模分布―慶長７年、寛文６年の比較―

		慶長７年（１６０２）	寛文６年（１６６６）	寛文／慶長
数		9（番所1．含まない）	30（関所1．寺社等5．含まない）	3.3
規模合		1反8畝4歩（５５３坪）	6反5畝26歩　石盛　12	3.6
規模内わけ		屋敷9の内わけ ・最大　１５６坪　1 ・最小　　２１坪　1	屋敷３０の内わけ ・最大　１８０坪　　1 ・最小　　１５坪　　1	
屋敷坪数分布	１９０－			
	１８０－１８９		1	
	１７０－１７９			
	１６０－１６９			
	１５０－１５９	1		
	１４０－１４９			
	１３０－１３９			
	１２０－１２９			
	１１０－１１９		1	
	１００－１０９		2	
	９０－９９		1	
	８０－８９		3	
	７０－７９	1	3	
	６０－６９	2	6	
	５０－５９	2	3	
	４０－４９	1	4	
	３０－３９	1	4	
	２０－２９	1	1	
	１０－１９		1	
合計		9屋敷数	30屋敷数	

３．まとめ

　浅川村における慶長から寛文にいたる田、畑、字数、筆数、石高および屋敷数・坪数・規模分布を見ると、以下のごとくである（**Ｂ－表3-1．Ｂ－表3-2．参照**）。

1）田が3倍に増加している。

2）田畑合計（耕地）では2.3倍に増加している。

3）田畑の割合では、畑が慶長93％で寛文91％、全耕作地に占める田の割合は慶長7％

で寛文になりやや増加して 9 ％になるが、慶長、寛文共に田は 1 割に満たない。田は下田と下々田のみである。畑においても中畑が僅かに在るものの殆どは下畑と下々畑および山畑で占めている。

4）字数は 4.9 倍（再出含　5.8 倍）に、筆数では 2 倍以上（欠の分は除いても）に増加している。

5）石高は 2.3 倍の増加である。

6）屋敷数（屋敷名請人数）は 3.3 倍増加

7）屋敷規模は慶長の一屋敷平均 2.0 畝（全体 1 反 8 畝 4 歩）から、寛文では一屋敷平均 2.2 畝（全体 6 反 5 畝 26 歩）と拡大している。

8）屋敷規模と分布を見ると共に拡大している。つまり、慶長では最大規模 156 坪、最小 21 坪であり、寛文では最大 180 坪、最小 15 坪と屋敷の最大規模は増加し、また、屋敷規模の全体分布をみると慶長では 50 〜 60 坪代に多く、寛文になると 80 坪未満 30 〜 80 坪代の屋敷数が多くなる。また、屋敷の最大規模の値は他の屋敷規模と隔絶して高いことが、慶長、寛文とも共通してみられる。

　以上、慶長から寛文の浅川村においては田畑耕地は 2 〜 3 倍（字・筆数においては 4 倍以上と推定）の増加・拡大が見られ、石高は 2 倍以上増加し、屋敷も増大している。耕地の増大と生産性の増加の背景にある浅川村の耕地（田・畑）の格をみると、下と下々のみで占めている。このような生産性の低い土地で耕作を拡大し石高を増加させた裏には、住民の過酷な労働が伴ったことが推察される。

第三章　地名考および『御水帳』から見える浅川村の歴史

「地名考」および「検地帳解読分析」を基に、生活および社会構造の視点からまとめと若干の考察を記す。ただし、浅川村検地帳では一部分欠落している（5冊の内の4冊目欠。『高根町地名誌』〈平成2年発刊〉には全部が記されているので、当時は存在したと思うが確かめられない。）

　以下において慶長時・寛文時とは、それぞれ検地実施時の1602年・1666年を差して言う。

一節　慶長から寛文　字数、筆数、石高および東・西地区

1．字数4.9倍・筆数2倍以上・石高2.3倍の増加、耕地の生産力は最低

　慶長から寛文に至る60年ほどの間に、浅川村においては字数が約4.9倍、筆数では約2倍以上の増加、石高では2.3倍の増加が見られた（B−表3-1.）。字数、筆数の増加は耕地の拡大・増加を伴い石高が増加する。そして、一般に労働人口増加を伴う。人口増加は、屋敷数3.3倍増加（B−表3-2.）からも推察される。

　慶長・寛文年間から貞享年間の60〜80年にかけて逸見筋の石高は集中的に増加し、その後の増加は微々たるものであると云われている（高根町誌　1990：587）。その背景には、徳川幕府による小農自立政策の推進と農民が競って耕地の開発に勢力を注いだことが挙げられるだろう。浅川村の石高増加について見たとき、江戸時代前期における逸見筋旧14ヵ村の石高比較によると最も増加率の高い村は長沢、次いで浅川、樫山の順であり（ibid：578）、浅川村の石高増加率は2番目に高い。その一方で、生産力（一石当たりの耕地生産性）は浅川村、樫山村、長沢村の順で低く、浅川村の生産力は逸見筋14ヵ村中で最低である（ibid：586　安達満〈江戸時代前期の逸見筋の耕作状況と土地生産力〉による）。つまり、逸見筋14ヵ村の中で浅川村は最も劣悪な耕地で高い石高増加を達成したことになり、いかに過酷な労働を投入したかを物語るものである。

　ここで、浅川村の地理的位置をみると、北から南に流れる大門川が南西に向かって蛇行する南東側で津金山の手前の高台に居住地と耕地が在り、大門川の深い澤を挟んで北西側に多くの耕地が展開している。そこで、以下では大門川の南東側（津金山側）を東地区（イ）、北西側（念場側）を西地区（ロ）として分けて字数・筆数を見よう（B−絵図1．参照）。

２．大門川を挟み東・西地区の字数と筆数の割合は約３対７

　地理的に見たとき浅川村は、大門川を挟んで南東側と北西側に分かれて位置する（以下、東、西と記す）。慶長の浅川村における地名数および筆数からみた東（津金山の側・村居住域）と西（念場の側・耕地が主）の割合は３対７（再出含地名数　６対15、筆数　143対337）である。寛文においても、地名数は東23.7％・西76.3％、筆数は資料不十分だが概ね３対７であったと見られる（B－表４．）。寛文時の西の増加割合は資料欠のままで見ても慶長時より増加が見られる。

　以上から、慶長・寛文時の浅川村の字・筆数のおよそ７割は西に在り、居住および村の中心の東に字・筆数が３割と少ない。樫山とは対照的に居村地域の側に字・筆数（耕地面積）が少ないのは、地理的な差によるものと云えるだろう。つまり、東の居住と耕地は東南西側の三方を山に囲まれた裾野の平地で北側は深沢川・大門川の深い沢になり、耕地域は限界がある。西の耕地は深沢川・大門川の深い沢を登った八ヶ岳の裾野に展開する。（B－絵図１．）

B－表４．浅川村の慶長から寛文における字数、筆数の東・西地区割合

	浅川村			東地区		西地区	
慶長	地名数	20		6 (30.0)		14 (70.0)	
	再出含字数	21	(100)	6 (28.6) [※1]		15 (71.4) [※2]	
	筆数	480	(100)	143 (29.8)		337 (70.2)	
	石高	50.5					
			寛文／慶長		寛文／慶長		寛文／慶長
寛文	地名数	97	4.9	23 (23.7)		74 (76.3)	
	再出含字数	122 (100)	5.8	25 (20.5) [※3]	4.2	97 (79.5) [※4]	2.8
	筆数	946＋? (100)	2.0以上	274	1.9以上	672＋(?)	不明
	石高	114.8	2.3				

　※１　10月23日　検地No1.-6.　6字

　※２　10月23日　検地No7.-21.　15字

　※３　7月20日　検地No75.-93.　19字、7月22日検地の 寺社　6字

　※４　7月18、19日　検地No1.-74.　74字、7月21日　検地No94.-116.　23字

３．東の耕地限界と西への進出、石高の顕著な増加の背景

　一般に居住地を中心に耕地を拡大していくが、浅川村の場合は居住区の東から離れた西の地区の耕地拡大が著しい。それは東における耕地の限界（前述）が西へ進出せざるを得

なかった、といえるだろう。西に最初から居住していたなら耕作地は西を中心に拡大していくものと考えらえるが、そうでは無く居住の東から隔たった西への新たな進出・拡大が目覚ましい（浅川村字図も参照）。西への耕地進出・拡大は慶長から寛文時の60年ほどの間に著しく、耕地拡大の結果として石高増加が得られた。石高増加は逸見筋14ヵ村の内で2番目に高い。その一方、浅川村の耕地生産性は逸見筋14ヵ村の内で最低である（前述）。

　慶長〜寛文時における急激な石高増加（字・筆数・屋敷数増加を伴う）は「小農自立」政策の結果であるとしても、高冷地で耕地生産性が最低という過酷な地理的条件の中にあり、更に加えて、浅川村の西の新開拓地は居村から深澤川を挟んで急な坂道を4〜6キロ離れた北側八ヶ岳方向へ往復しなければならない。歩行以上に荷物運搬の負担が伴う。このような地理的状況と過酷な労働の基で高い石高生産性を齎したことになる。

　浅川村では、このような際立った過酷な状況下で耕地開拓・拡大し、高い石高を挙げた。このことは特異的な印象を受ける。どのような社会状況が存在したのだろうか。

二節　慶長、寛文、平成の変遷

　浅川村における、慶長、寛文、そして平成の変遷を字・筆数から辿ってみよう。
　以下、字の数値は検地帳字名の初出番号を示す。また、文章の前後で紛らわしい字は「　」を付けて記した。

1．慶長から寛文時（1602〜1666年の間）東に産土神建立により浅川村確立か

　慶長時から現在に至る浅川村の字の変遷を東・西に分けて見る（B−表5.）。まず、慶長時検地帳に在る字（第一章一節参照）を列記し、次いで寛文時に新たに誕生した字を列記、次に平成の現在に在る字・寛文時以降に誕生の字（第一章二節参照）を列記した。

B－表5．浅川村　慶長から現在に至る東・西地区別に見た字一覧

浅川村	東	西 ◎分化・筆数増加が著しい字
慶長時の字	村の後、せき口、若宮、みやま田、いこ田、むかい田	深沢、岩下、ひくさば、岩の上、あまね坂、家の前、中瀬ふか澤、柳原、堀、西窪、はんの木沢、あいの原、ためが原、中沢
寛文時の新たな字	関上、関下、五郎屋敷、わで、御わん、岩の上、坂下、ごうの田、ばら原、大久保、ふつくぼ、中そり志り、くね下、切畑、関、柳原、わて・わて下、玉権現領、神明領、若宮八幡領、駒形明神領、御番屋敷、常蔵院	屋の上、 ◎深沢・小深沢・深沢橋場・深沢こし水・深沢入り・深沢岩の上・下深沢、かみの原、はまいば、 ◎中沢・中沢入・中沢原・下中沢・中沢道上・中沢尻、湯柳、しっぽち沢、 ◎西久保・西久保原・西久保梨の木沢・西の久保道下、 ◎相の原・上あいの原、川窪、塩川、瀧の上、道赤土、水のかしら、ひえ田、こし水、池の久保、がけ、まゆみ田、松はそり、大わ座、三つかね沢、つきの木沢、へびくぼ、越水原・、越水、かき畑、坂上・下坂上、はんの木・、はんの木道下、くぞ川、祖母ふとこ、だされ木、 ◎岩下・こいわ下・大岩下・大岩下あまね坂 下かわら、大滝、せんたな、河原田窪田、曲渕、宮坂、うじ神ひら、中河原、川原、かつら、
平成時に在る新字 ※伝説の字、所在不明確な字	北なぎ、きょうようじ、ずんぐり坂、蟹原、※宝成院（寛文検地の「常蔵院」と同一か不明）、※道通、御釜石地蔵、金山（水晶山）、日影田、忠九郎山、前田、みずがき、日向林、新林、弁天池、水神森、剣ケ峰、かっとがり、しょうぶがり、※かじ屋敷、※馬捨場	※出口原、※から堀、さがり、※西向川、※上屋敷、※下屋敷

　この一覧表から、次の事が見られる。
1）慶長時から寛文時（1602～1666年の間）に新たな字の誕生が多くみられる。
2）慶長時から寛文時（1602～1666年の間）、特に西における字の誕生が著しい。
3）寛文時（1666年）以降の東には新字の出現が多々在るが、西は少ない。
　　西では寛文時までの字誕生（開拓）が著しいが、寛文以降は僅かになる（伝説の字が主）。これは、西地区の目覚ましい開発が慶長～寛文時（1602～1666年間）に集中し以降は止まった、と云える。
4）寛文時、東に神社が出現している。

それは、1602～1666年間に東地区に産土神の誕生・建立と共に浅川村が確立したと見られる。

※記録上で浅川が最初に登場するのは、天正10年（1582）「徳川印判状写」の「浅川ノ郷　四貫五百文」から浅川集落の存在が分るが、この時の集落の所在地・規模・内容（産土神の存在など）は不明である。この20年後の慶長時（1602年）では現在の浅川村所在地に9屋敷と「若宮（寛文では若宮八幡宮）」が記されてある。

以上を踏まえて、さらに東・西の歴史を次に見よう。

2．慶長から寛文に消滅した字「家の前」は、慶長以前の居村か

　慶長時に、東居村区に在る6つの字の内で寛文時に消滅しているのは、村の後、むかい田、若宮、いこ田の4つの字がある。他の2つの内、「せき口」（43筆と多い筆数）は、寛文時に関上・関下・関（No75.76.91. 合わせて19筆）に分化して存在し、「みやま田」（No4. 13筆）も寛文時に「深山田」（No80.82. 36筆）が増大して残っている。一方、慶長時の西にある字の内で寛文時に消滅しているのは、「堀」（No16. 1筆）と「家の前」（No13. 29筆）がある（第二章一節、二節参照）。慶長に在る「堀」「家の前」は大門川を渡り西の「氏神たいら（慶長・寛文時には無く、後に誕生した字）」「深沢」「中瀬ふか沢」の辺りの位置にある。「家の前」の字から、家が在った名残とも考えられる。

　これに関して、『日本社寺名鑑』（1904）および『峡北神社誌』（1962：237）に次のような記載がある「（略記）繁栄していた念場千軒の地から、天文年間（1532～1554）武田信虎信州海ノ口平賀玄心と戦いの時に住民居を廃し所々に分散、その一部の者が現在の氏神平に転じ、爾来元禄3年（1690）その地の瑞垣山に祠宇を建て遷座した（※瑞垣山は誤り―後述）。初め野に玉石を祀ったので玉野社とも玉野権現とも呼ばれた。その辺大門川沿いに浅川村落をなし今に上屋敷、下屋敷と字名になっている。（略）同所は度々大門川の水害を蒙り住民は相ついで現地の浅川部落に再び居を転じたのである。（下線筆者、以下略）」というものである。

　この記述からすると、「家の前」は現在の浅川集落に居を転じる前（慶長時以前）に居村が存在した名残なのだろうかとも考えられる。なお、「上屋敷」「下屋敷」は、慶長・寛文両検地帳に見られない。この字の記載は『峡北神社誌』（1962）が初出であるが、古くから伝承が在ったものか。

　ところで、『日本社寺名鑑』『峡北神社誌』にある"水害を蒙り現地の浅川部落に再び居を転じた"という時期が不明瞭である。慶長時（1602）には9屋敷の若宮を祀る住人の存在が在り、寛文時には31屋敷になり、「玉野権現」を祀るが、ここで、玉権現を祀る人々が"現地の浅川部落に再び居を転じた"というなら、居を転じた時期は慶長から寛文時の間で、若宮を祀る先の住人が居たところに新参者として参入したということになろう。もし洞宇を建て遷座した元禄3年（1690）以降だとすると、慶長から寛文時（1602～

1666）に検地帳に在る住人が既にいた処に転入したことになり、これまた新参者になる。
　このあたりの史実は全く不明である。

3．慶長から寛文、平成の現在に存続している字

　慶長、寛文から平成（1990年時）の現在に継続（生活の中に活用、あるいは記憶）している字について見よう（第一章二節参照）。東と西に分けて見ると次のようである。
　東：番屋、みやま、（以下は居村地内）あまね坂、深沢橋場、やなぎ原
　西：小深沢・深沢、相の原、ためが原、干草場、半の木、※お玉石・玉野権現（樫山村
　　　が関わる。後述）
　以上の字地は、慶長時以降現在に継続してきた。慶長以前は別として、少なくも慶長以降よりその字地は住民の生活と関わり存続してきた処だと云える。

4．慶長・寛文に無く、平成の現在に在る字──寛文時以降、西の開発は止む

　慶長、寛文の検地帳に記されて無いが、平成の現在に在る字（伝承としてある字も含む、伝承あるいは所在不明確な字は※印）には次がある（第一章二節、第三章二節1．参照）
　東：北なぎ、きょうようじ、ずんぐり坂、蟹原、※宝成院（寛文検地に「常蔵院」が在る
　　　が同一か不明、異字として記す）、※道通、御釜石地蔵、金山（水晶山）、日影田、忠
　　　九郎山、前田、みずがき、日向林、新林、弁天池、水神森、剣ケ峰、かっとがり、
　　　しょうぶがり、※かじ屋敷、※馬捨場
　西：※出口原、※から堀、さがり、※西向川、※上屋敷、※下屋敷
　以上から見て、寛文時以後の東の居村区域には新たな多くの字が誕生している。これらの字は、東の山側に位置している。東・居住民の人口増に伴う開発といえるだろう。慶長から寛文における屋敷数の著しい増加（9から31へ）に伴い居住区の字地が増大し、その間（1602〜1666年の間）に産土神として「玉権現」および「神明」「若宮八幡」「駒形明神」が祀られ、この時に浅川村は確立したといえる。そして、以降は居住区の山側の開発を進展させて、現在に継続している。
　寛文時以降の西では、東ほどの進展・開発がなかったといえる。寛文以降の西の新たな誕生字は、※出口原、※から堀、さがり、※西向川、※上屋敷、※下屋敷のみである。つまり、西における寛文時以後（1666年以後）の新たな字の誕生は僅かで、耕地の開発・増大の進展は寛文時までで、以降は止まっている。

5．慶長から寛文における西（深沢、中沢、西窪）の著しい開発

　慶長、寛文時の字増加（筆数の増大、開拓・開発）が多く見られ、特に西において著しい（B−表5．）。慶長から寛文における字・筆数から（第二章一節1、二節1．）、開発の様

子と地域を見よう。

　慶長から寛文へ継続して在る字には、深沢、相の原、ためが原、干草場、はんの木、あまね坂、岩下・大岩下、柳原、せき口・関上・関下、みやま田・深山田、があるが、この中で、字が多様に類似分化して筆数増加が著しい字に、深沢、西窪、中沢、岩下がある（**B－表5.** ◎参照）。慶長時の深沢と中瀬ふか澤合わせて83筆は、寛文時には小深沢、深沢橋場、深沢こし水、深沢入、深沢岩の上、下深沢などの字に分化している（筆数不明）。慶長時の西窪18筆は、寛文時には西久保原、西久保梨の木沢、西ノ久保、西ノ久保道下などの字に分化し筆数も48筆〈内18筆は他村入作〉の増加がみられる。慶長時の中沢17筆は、寛文時には中沢入、中沢原、下中沢、中沢道上、中沢尻などの字に分化し筆数も40筆（内20筆は他村入作）と増加が目立つ。

　このほか寛文時の字岩下の分化および、慶長、寛文時共に比較的筆数の多い字には、ためが原、岩の上、はんの木澤、あまね坂、がある（資料欠のため寛文時の筆数不明の字もあるが）。

　以上から、深沢、西窪（西久保）、中沢の字地は、慶長から寛文にかけて浅川村の開拓が特に進展した地だと云える。この内の深沢は、東の居村域北の深い澤に在る大門川下流域から4〜6キロ上流につづく岸の斜面に展開する。この他の中沢と西窪（西久保）は居村から隔てられた位置にあり飛地もある（**C－絵図2. C－絵図3.「浅川村割付之絵図」**参照）。現在においては存在感がないので、その後に消えた字といえるが、その経過・原因は不明（川の氾濫・崩れ、あるいは耕作放棄なども考えられる）。

　西の開発・増大は、居村の東から大門川・深沢を下り登りしながら凡そ4〜6キロ以上離れた地への往復が伴う。このような過酷な労働条件下で西の開拓・開発を増大させたことで、慶長〜寛文時における浅川村の著しく高い石高増加率（前述）が齎されたことになる。

6．慶長から寛文、そして平成の変遷の中で注目される字

１）「御玉石」「玉野権現」

　慶長時において「お玉石」の字は浅川村には無いが、樫山村検地帳に在る。ただし、浅川村の字「深沢」中の1筆の名請人（源丞）の脇に「玉の権現領」と但し書きが添えてあり、寛文時になると「玉権現領」が浅川村の東の屋敷検地に登場する。ここから、慶長時には西の「深沢」の内にあった領地が、寛文時には浅川村の氏神「玉野権現」になったことが分る。現在、浅川村の氏神となっている玉川神社に関係する「おたまいし窪」「お玉石」の字地は、慶長時の浅川村の検地帳には無く樫山村の検地帳に在る。平成の現在では「玉野権現・玉川神社」は浅川村の氏神であり樫山村は無関係である（樫山村の氏神は山王権現・日吉神社がある）。このことは、両村の村成立と歴史に関わる疑問点である（御玉石・玉野権現の歴史の考察は次章C．に譲る）。

２）「関所跡」と「関所」

　　慶長検地の東に、「せき口」の字が在り、屋敷検地に「口留番所」50坪が記されている。寛文検地の東には「関上」「関下」「関」の字があり、屋敷検地には「御番屋敷」12.5坪がある。

　　現在において、「関所跡」の字地とは別に「関所」と呼ばれている字地がある（大柴2010：137 参照）。「関所跡」は村の真中に在り樫山村へ通じる道にあり、後者の「関所」は村の外れ・海岸寺峠を越えて浅川村に入ると左・長沢村へ通じる道にある。この「関所跡」と「関所」の２つの字地について記されたものは無い。現在は、一般に「関所跡」が「口留番所」の場所であり"昭和初頃までその地にタバコ屋が在った"として語られている。一方、「関所」は田になっている。『佐久往還』（山梨県教育委員会文化課　1985：23、48）の中でも、これら「関所跡」と「関所」について触れずに混同して述べられている。筆者の仮説では「関所跡」は浅川村から樫山を通りイズミ街道を経て小倉を通り、（旧）大門嶺を越えて信州佐久への道（川上路）の時代の関所の跡であり、「関所」はその後になって浅川村から大門川を下り念場原へ出て北上し平沢村の大門嶺（平沢峠）を越えて信州佐久への道の関所跡ではないか。当初の一時期は樫山村に関所が置かれていたものが浅川村へ移された（※樫山村から浅川村へ関所を移したことは『甲斐国志』古跡部にある）のが「関所跡」の処である。その後、小倉（村）を平沢村に併合移転してから後の時代には新たな「関所」が使われ、「関所跡」は廃れて行った、ということではないかと考える（樫山村の関所跡については、**A　樫山　第三章二節6.の6）**参照）。なお、慶長時「口留香所」50坪（10×5間）が、寛文時「御関所・御番屋敷」では12.5坪（5×2.5間）と縮小している。これも合わせて検討課題となる。

３）「道通」

　　検地帳で見る限り「道通」は慶長・寛文の検地帳に無く、その後に登場する字（前述）の一つである。道通については「甲斐国志」（古跡部第十　300頁）に「上様御城跡」として記され（B　第一章二節「地名考」㉚）、また、伝承がある（大柴　2010：144）。山本勘助（武田氏家臣山本勘助の道号が道鬼斎）伝承が語られているが、歴史的には曖昧な点も多い（安達　2018：31-33 参照）。浅川村と「道通」伝承は検討課題になる。

７．他村から寛文に増大する入作[注1]と圧倒的な平沢村入作

　　入作、入会[注2]については複雑・錯綜しているため改めて別に取り上げるが（次章C.）、以下では入作の概要を記しておく（第二章一節、二節参照）。

［慶長時　浅川村への入作］

　　まず、慶長の入作では東地区の「むかい田」（No6. 27筆）に樫山村の入作が１筆ある。

一方、樫山村への入作では、樫山村居村内に小倉村6筆、浅川村1筆の入作が見られ（A樫山村参照）、小倉村との錯綜はもとより、当時の浅川・樫山両村の錯綜が窺われる。

　また、西地区では「あいの原これより平沢より入作」と記されて、以下、「あいの原」（No19. 14筆）があり、海の口村1筆以外の他の13筆は全て平沢村入作とみられる。次に「ためが原」（No20. 63筆）中に13筆（内訳は川上村　1、海の口村　5、広瀬村　1、長沢村　6）の入作があり、「中沢」（No21. 17筆）中に4筆（内訳は海の口村　2、平沢村　1、長沢村　1）の入作がある。入作の村と筆数は平沢村　14筆、海の口村　8筆、長沢村　7筆、川上村　1筆、広瀬村　1筆、樫山村　1筆、合わせて6ヵ村　32筆である。このうち、平沢村、海の口村、川上村、広瀬村は長野県（信濃国）に属する。なお、入作地の「相の原」「ためが原」「中沢」は共に念場の北側に位置し（浅川村から八ヶ岳方向へ4〜6キロメートル以上登る）長野県との県境に位置する。

　［寛文時　浅川村への入作］
　寛文になると次の如く、浅川村への入作は増大し錯綜する。特に平沢村からの入作は多く、西（念場）の北側から大門川上流（塩川、深沢川）にかけての字地は平沢村入作のみで占められている処が多い（第二章二節参照）。平沢村入作を字でみると、大門川北西側に位置する屋の上、深沢・こふか沢・深沢橋場、ための（か）原、かみの原、はまいば、中沢（中沢入り・原）、湯柳、しっぽち・しっぽち沢、西久保・西久保梨の木沢、ひくさば、あいの原・上あいの原、川窪、塩川、道あかど、水のかしら、ひえ田、瀧の上、こし水・越水原、があり、全部で平沢村入作の筆数は229筆になる。

　なお、平沢村以外の入作では、樫山村7筆と長沢村3筆がある。その樫山村7筆は、「塩川」3筆と「小深沢」4筆の入作で占め「塩川」に浅川村の耕作地は無い。また、長沢村3筆は、「西久保」（No16. 18筆中、3筆の長沢村と9筆の平沢村、6筆浅川村）の入作である。以上、浅川村寛文時検地帳に在る入作は、平沢村が大多数をしめている。

　筆数からみた慶長時の入作割合は6.7%（全筆数480に対して入作筆数32）であったが、寛文時にはほぼ25.3%（4冊目欠のままの値—全筆数946+αに対して入作筆数239＋?）に増加している。

三節　慶長、寛文において筆数の多い字の変遷から見えること

　まず、慶長時筆数の多い字を取り上げ列記し、その字の右に寛文時の筆数を記して行く。併せて、上記以外の寛文時筆数の多い字を列記して左に慶長時の筆数を記す。まず、東地区（B−表5.）について、次に西地区（B−表6.）について見て行く。これらにより、字と筆数の変遷から見えることを記す。

1．浅川村東地区：寛文時最多筆数「五郎屋敷」出現と伝承

Ｂ－表6．浅川村東地区　慶長・寛文時における筆数の多い字の変遷

慶長 筆数多い字 初出順 No.（筆数），〈　〉他村入作筆数 村名		寛文 寛文時において慶長時に同名の字 ○は慶長時から寛文時に在る字　※類似字 初出順 No.（筆数），〈　〉内は他村筆数・村名		
字	筆数	注	字	筆数
せき口　　2.(43)	43	※	関上　75.（2） 関下　76.(14) 関　　91.（3）	19
村の後　　1.(27)	27			
むかい田　6.(26) ＋〈1 樫山〉	26　〈1〉			
若宮　　　3.(22)	22	※	若宮八幡宮　119.(1)	1
みやま田　4.(13)	13	○	深山田　80.(33)、82.(3)	36
いこ田　　5.(11)	11			

上記以外、寛文時において筆数の多い字（右側）および慶長時（左側）

		五郎屋敷　77.(64)	64
		わで　78.(31) ※わて　115.(?)・わて下 116.(?)	31 不明
		大久保　　86.(29 内2筆は 常蔵院)	29
		くね下　89.(20)	20
		切畑　90.(4) 92.(14)	18
		中そり志り　88.(16)	16
		ごうの田　84.(13)	13

　以上から、東の慶長から寛文において次の事が見られる。

1）字地は居村内の「水神の森」湧水を中心に展開している（Ｂ－地図1．㊺参照）。

2）慶長時において筆数の多い字は、せき口（43筆）、村の後（27筆）、むかい田（27筆）、若宮（22筆）、みやま田（13筆）、いこ田（11筆）の順である。これら字は居村地に位置する。

3）居村地に在る字の慶長から寛文に至る変化をみると、増加はみやま田（13から36筆へ）のみである。また、関口は消え関上、関下、関に分化しているが、筆数は減少している。また、若宮は22筆から若宮八幡1筆に減少し、村の後、むかい田、いこ田は消滅している。

4）慶長から寛文の筆数増加は、みやま田以外にないが、寛文になると新たな五郎屋敷（64筆）、わで（31筆）が誕生し、筆数の多いことが目立つ。

　　寛文時に誕生し筆数の多い五郎屋敷の字地は玉川神社の在る居村区にあり「玉川神社造営の大工棟梁の五郎が住んでいた処」という伝承がある（第一章　地名考㊶参照）。玉川神社の造営を契機に人が集まり耕地筆数が急増したものであろうか。因みに慶長検地帳上に玉川神社は無く寛文に登場することから、玉川神社造営は慶長から寛文時の間（1602〜1666年の間）に行われたということになるだろう（前述）。

　　ここで、玉川神社の造営について『日本神社名鑑』（1904）『峽北神社誌』（1962）によると（略記）、「天分年間（1532-1554）に念場千軒の地から現在の「氏神平」に定住した者が、元禄3年（1690）瑞垣山（※瑞垣山は誤り―後述）に堂宇を建て遷座し、玉の権現と呼んだ。その辺に浅川村落を成したが、大門川の水害により現在の浅川部落に再び居を転じた。その後、瑞牆山の堂宇は奥宮とし現在の前宮を部落内の前田に元文5年（1740）9月に工を起し、翌寛保元年中（1741）に完成した」とある（下線筆者）。この記述では玉川神社造営は、元文5年（1740）・寛保元年中（1741）であり、伝承に因る"慶長から寛文時（1602〜1666年の間）に造営"には合致しない。また元禄3年（1690）に堂宇を建てたという時期にも合致しない（なお、元禄3年の建立場所は、東の居住区ではなく、西大門川沿いの奥宮の位置になる）。従って、『日本神社名鑑』（1904）『峽北神社誌』（1962）の記述が正しいとすると、寛文時の字「五郎屋敷」増加と"玉川神社造営"は無関係のことになる。では、寛文時の字「五郎屋敷」の著しい筆数増加は何を意味するのだろうか。

　　史実は不明である。

5）浅川村の寺社関係に関連すると思われる字では、慶長時に「若宮」22筆が在り、寛文時になると屋敷検地に「若宮八幡領」および「玉野権現領」「神明領」「駒形明神領」と「御番屋敷」「常蔵院」が各1筆記されて在る。このことから、慶長時における浅川村9屋敷の住民は「若宮（八幡）」を産土神とし、そのあたりの土地を中心に耕作し居住していたのではないか。慶長時の浅川村に字「お玉石」は無く、玉川神社も無い（前述）。「玉野権現」は寛文屋敷検地（1666年）に初めて登場するので、「玉川神社」（玉野権現）が浅川村の産土神（氏神）となったのは、慶長から寛文時（1602〜1666年の間）の事と見られる（「お玉石・玉野権現」に関連して次章C．で、後述）。

２．浅川村西地区：深沢川流域の字・筆数増大、新開拓地

Ｂ−表７．浅川村西地区　慶長・寛文時における筆数の多い字と変遷

※？印は寛文時の御水帳が欠落のため筆数不明

慶長 筆数多い字 初出順No（筆数）、〈　〉他村入作筆数 村名		寛文 寛文時において慶長時に同名の字 ○は慶長時から寛文時に在る字　※類似字 初出順No.（筆数）、〈　〉内は他村筆数・村名		
字	全筆数	注.	字	全筆数
深沢　7.(42)、12.(37)	79	○	深沢　41.〈1 平沢〉	〈1〉
		※	小深沢　2.〈1 平沢〉	
			28.〈7 樫山・平沢〉	
			30.〈5 平沢〉	
			64.(13 + 〈4 平沢〉)	13 〈17〉
		※	深沢橋場　20.〈3 平沢〉	〈3〉
		※	深沢こし水　97.　?	?
		※	深沢入　99.　?	?
		※	深沢岩の上　113.　　?	?
		※	下深沢　114.　　?	?
中瀬ふか澤　14.(4)	4			
ためが原　20. 　　　　(50 + 〈13　川上、海の 　　　　口、広瀬、長沢）	50 〈13〉	○	ためが原　3.〈15 平沢〉、 　　　　　31.〈8 平沢〉	〈23〉
岩の上　10.(39)	39	※	深沢岩の上　113.　　?	?
			※「深沢（何某）」字は多数、上記	
岩下　8.(3)	3	○	岩下　102.(?)	
		※	大岩下　108.(?)	
			大岩下あまね坂　109.(?)	
はんの木澤　18.(34)	34	※	はんの木　69.(8)、71.(13)	21
			はんの木道下　70.(5)	5
家の前　13.(29)	29			
柳原　15.(21)	21	○	柳原　93.(6)	6
西窪　17.(18)	18	○	西久保　16. 　　　　(6+〈9　平沢〉〈3　長沢〉)	6 〈12〉
		※	西久保原　15.(3)	3
		※	西久保梨の木沢　17. 　　　　　　　(2 + 〈6　平沢〉)	2　〈6〉
		※	西ノ久保　51.(10)、53.(5)	15
		※	西ノ久保道下　52.(4)	4

中沢　21.(13 ＋〈4〉)	13〈4〉	○	中沢 　　8.〈4　平沢〉、11.〈2　平沢〉 　　13.〈1　平沢〉、56 (24)	24	〈7〉
		※	中沢入　6.〈8　平沢〉		〈8〉
		※	中沢原 　　　　7.〈2平沢〉、10.〈3平沢〉		〈5〉
		※	下中沢　55.(13)	13	
		※	中沢道上　57.(1)	1	
		※	中沢尻　103.？		？
あまね坂　11.(14)	14	○	あまね坂　111.？		？
		※	大岩下あまね坂　109.？		？
あいの原　19.〈14〉	〈14〉				

上記以外、寛文時において筆数の多い字（右側）および慶長時（左側）

			くぞかわ・くぞ川　72.(33)	33
			へびくぼ　62.(31)	31
			大久保　86.(29)	29
			三つかね沢　59.(27)	27
			松はそり　54.(26)	26
			ひえ田　36.(23〈2平沢〉)	23　〈2〉
			まゆみ田　50.(23)	23
			坂上　67.(18)	18
			越水　65.(17)	17

　西では、慶長から寛文において次のことが見られる。

1）耕地は川流域（水神森の湧水による川、および大門川・深沢川・玉川・中沢川）に沿って在る。

2）慶長時筆数の多い字は、深沢79筆（中瀬ふか澤4を加えると81筆となる）、ためが原63筆（他村14筆が含まれる）、岩の上　39筆、はんの木沢　34筆、家の前　29筆（以下略）の順である。これら字は、慶長時に開拓が盛んであった処と云える。

3）慶長から寛文の変化について見たとき、まず、地名の分化と筆数の増加が顕著にみられる。その主な字には深沢、西窪、中沢が在る（他に慶長時：岩下No. 8　3筆→寛文時：岩下No. 102　？筆、大岩下No. 108　？筆、大岩下あまね坂No. 109　？筆があるが、資料欠のため不明）。なお、これらの地は慶長以降から寛文において開拓・拡大が目覚ましく進行したことを物語っている。また、近隣の村々が競って入作した地であったことが見られる。

　　なお、慶長から寛文の浅川において字の分化・筆数の増加が目立つ深沢は大門川（深沢川）沿いになるが、東の居住地からは西窪、中沢と比べると一部分は比較的近い位置にある。西窪、中沢は東の居住地からは遠く隔てられた位置にある。

4）次に、慶長から寛文に消滅している字に「家の前」（29筆から0）が在る（前述、参照）。

また、西窪（寛文では西久保）、中沢は平成の現在消滅している。

5）また、寛文に誕生した字で筆数の多い字に、くぞかわ　33筆、へびくぼ　31筆、大久保　29筆、三つかね沢　27筆、松はそり　26筆（※慶長時には樫山村の筆数が多い地）、ひえ田　25筆（内2筆は平沢）、まゆみ畑　23筆、坂上　18筆、越水　17筆、志っぽち沢　11筆、などがある。これらの地の殆どが、慶長以降寛文に浅川村が主に進出開拓した字地であり、地理的には浅川村から深沢川・大門川に沿って北上し、あるいは西の端へと居村から隔てられた位置にある。そして、北は信州佐久と境界する（B－絵図1．参照）。

おわりに

　第一章、第二章「地名考」「御水帳分析」結果から近世村落と暮らしの視点から見たとき新たな発見とともに多々疑問・課題が見えてきた。

1. 慶長から寛文時における高い石高（逸見筋14ヵ村中で2番目に高い）の一方で、耕地は最も低い生産性（逸見筋14ヵ村中で最低）という浅川村の背景には何が存在したのだろうか、という疑問が生まれる。

2. 次に、浅川村について大門川を挟んで東・西地区に分けて見たことで、慶長から寛文時における東（居村区）を拠点に西へ進出・拡大の様子が見られた。浅川村の新たな開拓は、樫山村（根羽・樫山）の真ん中を北から南に2分する形で流れる大門川・深沢川に沿って北方向へ主に進出した。開拓・進出（筆数増加）の著しい西窪、中沢、深沢、この他「川窪」「相の原」「ためが原」（以上は、大門川を挟んで信州と堺を接する）「小深沢」「稗田」「越水」など、これら字地は居村からおよそ5〜6キロ以上隔っている。この遠隔地の目覚ましい開拓・進出により高い石高を齎したことは、極めて困難な状況が窺われる

　　困難な西への耕地拡大進出が行われたのは、東居村区の耕地限界に因ると推定された。その背景には、慶長〜寛文時に東の居村区に急激な人口増（流入）が想定されるが、検討が求められる。

3. また、「浅川村」が近世村落として発足するまでの錯綜した混沌状態が見られる。例えば、「入作」における樫山村と浅川村との錯綜、また、浅川村の産土神・玉野権現の誕生と樫山村（字地）との関わりなど。

4. 慶長・寛文検地帳分析に照らして、伝承・聞取り調査や従来の歴史記述をみたとき、従来の歴史記述に合わない史実も見えてきた。たとえば、「玉野権現（産土神）」、「五郎屋敷」の歴史伝承など。

5. また、歴史書の誤り・要検討の記述も発見される。
　　例えば、『甲斐国志』（巻之二十九　山川部第十　1814年　57頁）「玉川」の項に「…浅川村瑞牆山〈即チ玉ノ権現山宮ノ在所高サ三十歩許リ形チ覆鐘ノ如シ一岩山ナリ〉ノ南麓ニ至リ…」（※瑞牆山は浅川村の北側・深沢川の南側・樫山村へ行く道の南側の山を云い、ここで云う瑞牆山の所在は間違い）。同じく、『峡北神社誌』（1962：237）に在る、天分年間（1532-1554）に念場千軒の地から現在の「氏神平」に定住した者が、「元禄三年（1690）瑞垣山（※ここで云う瑞垣山の所在は誤り）に祠宇を建て遷座し、玉の権現と呼んだ」という記述。また、『甲斐国社記・寺記』（1967：624）に在

る、浅川村東に在る「水神の森」の水源について「是則玉川の水元に御座候」（※玉
川の水元は疑問）という記述、など。

　以上からも浅川村についての従来の伝承や“記述された歴史”についての史実は、未知
の状態と云える。ここでの「地名考」「御水帳分析」は新たな資料の一つとして、今後の
課題になる。

　注
注1）ここで入作地とは前述のＡ．樫山村において記したと同じく、『御水帳』の中で名請人の
　　　箇所に浅川村以外の村名・名請人が記されている字地を云う。つまり、入作地は浅川村以外
　　　の村人が浅川村に入って耕作した土地である。入作の地は入会地（入作の権利が設定されて
　　　いる地）である。
注2）入会・入作については、不明確な点が多々あり整理し難い。ここでは、ありのままを記し
　　　て置くに留める。近世の「村」の成立・構造などと関連して改めて課題となる。

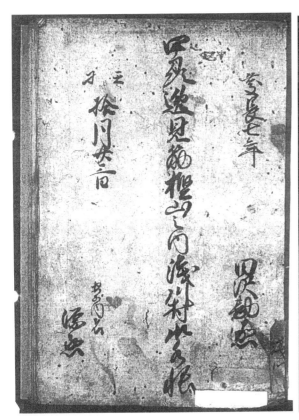

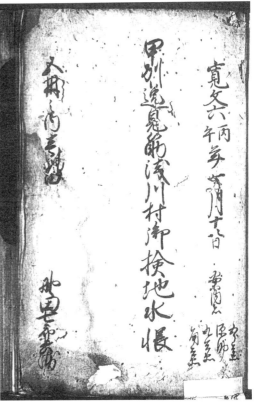

Ｂ－写真１
慶長七年『甲州逸見筋樫山村之内浅川村御水帳』
　表紙
（山梨県立博物館所蔵）

Ｂ－写真２
寛文六午『甲州逸見筋浅川村御検地水帳』
　表紙
（山梨県立博物館所蔵）

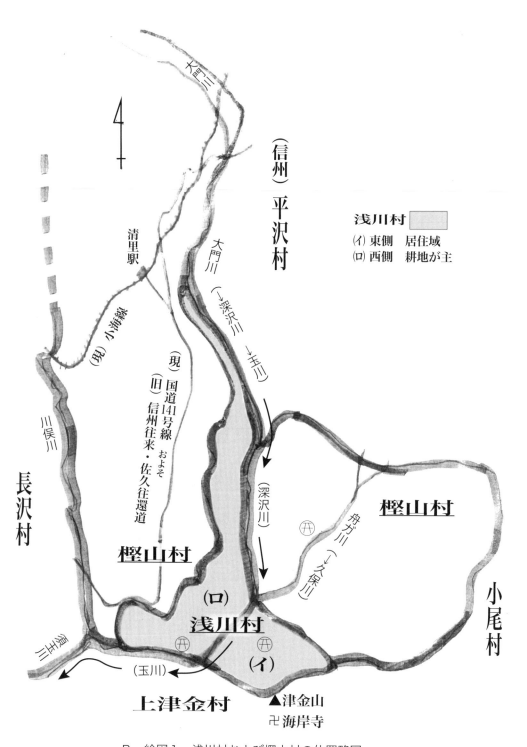

B－絵図1　浅川村および樫山村の位置略図

C

近世の樫山村・浅川村

はじめに

　樫山村および浅川村の「地名考」および「『御水帳』分析」（A、B）において、新たな疑問や問題点および両村混在の様子が見えた。以上から、「村」成立に関わる次の事項を取りあげる。まず、慶長から寛文における際立つ石高増加を示した浅川村・樫山村（長沢村も同様）は、一方で耕地生産性が最低の地域である。この特異的背景について、住民の離散や移動の歴史伝承と合わせて史実を考察する（第一章）。また、産土神「玉野権現」の誕生と樫山村・浅川村の混沌を示し、村成立過程を考察する（第二章）。次に、検地帳に記されている両村への入作の実態を示し、当時の「村」成立過渡期の様子に触れる（第三章）。最後に『御水帳』に記されている寺社関係の名請人（山王、泉福寺、海岸寺、大楽院、日光院、常蔵院、ひじり）およびその他の名請人（おし、牢人、つかもの）について取り上げ、近世の村社会を模索する（第四章）。

第一章　慶長、寛文時の著しい石高増加と住民離散・移動の考察

一節　最低の土地生産力の地において顕著な石高増加

　検地帳分析により、慶長時から寛文時の間に樫山村と浅川村ともに字数・筆数および石高の著しい増加がみられた（前述A、B）。樫山村では、字数 3.6 倍、筆数 2.2 倍、石高 2 倍、浅川村では字数 4.9 倍、筆数 2 倍以上（『御水帳』4 冊目欠のため不明確）、石高 2.3 倍であった。地名数、筆数の増加は耕地の拡大・増加を伴い石高が増加する。そして人口増加が伴うだろう。人口増加が想定される屋敷数では樫山村 2.5 倍増加、浅川村 3.3 倍増加である（C－表1．樫山村、C－表2．浅川村）。

　ここで、入作が村高に反映するため、樫山村への入作を除いた筆数で見ても 2.1 倍増であり、入作による石高値への影響は大差ない。つまり、樫山村住民自身が耕地開拓・拡大により石高を 2 倍にした。浅川村においても（一部、資料欠があるが）同様、石高 2.3 倍増加に入作の影響は大差が無く（C－表1．表2．）、浅川住民自身の耕地開拓・拡大による。

C－表1．樫山村　慶長、寛文における字数・筆数・田畑合計・石高・屋敷比較

（A　第二章一節、A－表3-1．3-2．より）〈　〉内は入作筆数

	慶長	寛文	寛文／慶長
字数	42	153	3.6
筆数	1156： 1083 ＋〈73〉	2527： 2256 ＋〈271〉	2.2 2.1 入作除
田畑合計	61 町 6 反 3 畝 11 歩	111 町 9 反 19 歩	1.8
石高	122 石 2 斗	245 石 2 斗 2 升 8 合	2.0
屋敷数（寺社除）	22 （最大 180 坪、最小 20 坪）	54 （最大 196 坪、最小 16 坪）	2.5
人口			

C－表2.　浅川村　慶長、寛文における字数・筆数・田畑合計・石高・屋敷比較

（B　第二章一節、B－表3-1．表3-2．より）〈　〉内は入作筆数

	慶長	寛文	寛文／慶長
字数	20	97	4.9
筆数	480：448＋〈32〉	946＋欠冊分：707＋〈239〉＋欠冊分	2.0以上？（入作除）
田畑合計	24町5反6畝11歩	56町9反3畝10歩	2.3
石高	50石5斗	114石8斗1升1合	2.3
屋敷数（寺社除）	9（最大156坪、最小21坪）	30（最大180坪、最小15坪）	3.3
人口			

　次に、樫山村、浅川村の石高増加率を他村との比較の中で見よう（C－表3.）。慶長石高100とした寛文〜貞享、宝暦、嘉永の各石高の「村高の変遷」（高根町　1990：578）によると、逸見筋14ヵ村の中で増加指数が最も高い村は長沢300以上、次いで浅川220以上、次に樫山200以上の順である。次は村山北割村165、堤村160代、五町田村150〜160代と続き、後は160未満の村々である。この結果から長沢・浅川・樫山の三村の際立って高い増加が見られる。これは、慶長以降寛文において目覚ましく増加し、その状態が嘉永時まで続いた。なお、甲斐国の石高の筋別比較によると、逸見筋は江戸時代前期に開発の進んだ地域であり慶長年間から60〜70年後の寛文〜貞享年間にかけて急増し、その後の増加は微々たるものであることが云われている（ibid：577-578）。

C－表3.　逸見筋　慶長、寛文〜貞享における石高増加率および土地生産力

（『高根町誌　上巻』「第10表　村高の変遷」578頁および「第13表　江戸時代前期の逸見筋の耕地状況と土地生産力」586頁より）

村名	（慶長石高）	慶長を100とした石高増加指数			村高一石当たり耕地生産力※（寛文〜貞享検地より算出）
		寛文〜貞享	宝暦	嘉永	
長沢村	（108.60）100	316	316	323	3.22
浅川村	（50.54）100	227	234	234	5.00
樫山村	（122.22）100	201	201	204	4.57
村山北割村	（558.37）100	165	165	165	1.51
堤村	（20.42）100	162	164	167	2.59
五町田村	（196.75）100	156	160	161	1.56
以下、8村省略		以下160未満	以下160未満	以下160未満	以下1.7未満

※一石を生産するに要する耕地面積（反）

　ところで、慶長から寛文時における長沢・樫山・浅川の三村は際立つ高い石高増加率を示す一方で、この三村は最も土地生産力が低い（C－表3.）。村高一石当り耕地は、浅川

村 5.0、樫山村 4.6、長沢村 3.2、次は堤村 2.6、村山北割村 1.5（以下略）となる。つまり、一石を得るのに村山北割村では 1.5 反耕作すればよいが浅川村では 5 反歩耕作しなければならない。逸見筋 14 ヵ村の内で、樫山・浅川・長沢の三村の土地生産力の低さは際立っている。因みに樫山村・浅川村の田の割合は 1 割程度と少なく、そして、「下」と「下々」のみである。また、畑も「上」は無い（前述　A、B）。長沢村は、樫山・浅川村より南に位置し、三村は互いに隣接する。そして、共に海抜 900 メートル以上の八ヶ岳山麓に位置する高冷地に在る。このような劣悪・過酷な地域において、慶長時から 60 ～ 70 年間において最も高い石高を達成した。これは、並外れた労働力の投入を意味する。この三村の石高増加が際立ち、その一方で、この三村の耕地生産性は際立って低く、ことに浅川村は最低である（C－表 1．表 2．表 3．）。尚、浅川村については、居村から西耕作地への山坂の長距離往復など劣悪な労働環境は極めて厳しい。このような、浅川村の最低の土地生産性と劣悪な労働条件下での石高増加率の高さは特異的と云える。

　この特異性は何に因るのか、その背景と要因について次の事柄が想定される。

二節　慶長から寛文時　浅川村東の耕地限界と西への進出・開拓
──想定される浅川・長沢・樫山へ人口流入と石高増加

「東の耕地限界と西への進出、石高の顕著な増加」（B　第三章一節 3．）において、浅川村は東の人口急増と耕地限界により西へ開拓・進出せざるを得なかったと想定された。東（居住区）の耕地が生存人口の許容範囲を越える分は、居住区から離れた他へ（ここでは西地区）へ進出せざるを得なかった。この変化は、慶長から寛文時に東への急激な人口流入の結果生じたものではないかと想定する。

　東と西の間には深い大門川の沢が横たわっているので、東と西の往来は急な坂を下り・登りしなければならない。殊に西の主な新字（開拓地・筆数増加地）は、八ヶ岳方向へ 4 キロメートル以上登り、大門川（深沢川）の沢を往復しなければならない。西耕地へ往復する不便さから西の居住も考えられるが、マイナス 10 ～ 20 度以上になる酷寒の地の居住は避けられる。事実、検地帳上から西移住・居村の形跡はみられない。大門川を隔てた西地区への開拓・耕作は過酷な労力を要する。このような地理的条件下での暮らしに離村する者も出現したかも知れない。すでに東地区に耕作地を確保している者（一般的には先住者、有力者）は定住が叶うとしても、新参者や微力者などは過酷な労働に離散せざるを得ないことが考えられる。その結果が、寛文時以降の西における耕地の停滞・字地の消滅（B　第三章二節 4．）という結果になった、と云えないか。

　"耕地生産性は最低、労働条件は過酷" という状況の中で高い石高をもたらしたのは、浅川村の他に長沢村、樫山村も類似している。この三村は共に近接している。長沢村、樫山村についても、次に見よう。

　長沢村については、最高の石高増加率である。入作増加も並行して見られる。長沢村の

　慶長から寛文時の樫山村への入作増加は著しい（C　第三章参照）。この入作地は村堺の川俣川を渡り、長沢村居村から３〜４キロ隔たった急な山の傾斜地にある。湧水による山斜面の水田と山畑の開発は、平地の耕地と異なり過酷な労働が強いられる。長沢村の高い石高増加率を示した背景は、自村の耕地の開拓・拡大は元よりこのような樫山村・浅川村への入作進出・拡大（高根町　1990：553「長沢村明細帳」による入会）からも伺える。

　樫山村については、樫山村の高い石高は、浅川村、長沢村と同様に著しい耕地の開拓・拡大に因る。樫山村の東では主に塩川流域と舟ガ川流域、西では深沢川流域の開拓（筆数増加）が行われた。樫山村の新たな開拓耕地は、長沢村、浅川村と比較してみたとき、居村から比較的近い場所で、遠方の「念場」（長沢村寄り）の新開拓は僅かなことが見られた。また、開拓・進出の著しい深沢流域は、浅川村の開拓進出の字地と共通・接近している（以上、A、B、第三章三節）。なお、樫山村の浅川村への出作は無い。樫山村（根羽樫山）への入作は、近接する長沢村、浅川村（そして、信州の平沢村）からの入作が寛文時に著しく増大する（次の第三章参照）。入作の村と字地をみると、長沢村は川俣川流域が主で長沢村の独占場であり、浅川村は大門川・深沢川流域が主で樫山村と同字地・近接地が多いことが、検地帳の字・筆数の分析から見られた。なお、また、平沢村は塩川流域の開拓・進出があり樫山村と同字地・近接地が多い（以上、A、B）。

　以上から、浅川村、樫山村、長沢村三村の字・筆数と石高・屋敷数の著しい増加の背景には、急激な人口増加（人口流入）が考えられる。慶長時から寛文時の間（1602〜1666年）のある時期に急激な"人口移動"が存在したと想定される。まず、現在の長沢、浅川、樫山へ離散・流入していき最寄りの地の開拓に邁進した。つまり、長沢村東側（主に川俣川流域）、浅川村西（東の限界のため主に遠隔地の大門川・深沢川流域）、樫山村西側（主に深沢川流域）の開拓に邁進した。この流入の民に関しては、"昔（年不詳）、浅川区民が浅川を離れて近村へ出た"という伝承（大柴　2010：38-39）が示唆される。

　では、流入の民とは、どこからか。住民離散・移動の伝承について次で見よう。

三節　離散・移動伝承と浅川

　浅川村の慶長から寛文時における著しい耕地増大の背景には、人口流入・移動による人口増が想定された（前述）。ところで、念場樫山における住民離散の伝承は古代、中世においても在る。その離散伝承は『甲斐国志』の記述に始まり、その後の歴史書は『国志』の記述を再現・補足追加した形で記されている。それらを年代の古い順に見て行こう。

　まず、離散伝承の一つは『甲斐国志』（古跡部第十　300頁）の古代平安時代に御牧の「柏前牧」が置かれていた記述に始まる。「柏前牧」の所在は『国志』では明言されてなく現在の学会においても決定的な定説は無いが、「念場・樫山説」が一般的に云われている。例えば、樫山村の古老に因ると「……第五四代仁明天皇の承和十四年念場原より四方に離散、その一部柏山に移り来者なり。其時来りし姓は<u>浅川</u>、大柴、清水、小清水、□島

等ナリト云ふ。……」(大柴　2010：98 ※利根川里平氏によるもので出典は不明。<u>下線筆者、</u>
<u>以下同様</u>)。つまり、御牧に従事した念場原の住民が承和14年(847)に離散・移動した
と言うものである。その時の浅川、大柴、清水、小清水、□島と云われる姓は、□島を除
き現在の住民である。

　離散伝承の二つ目は『甲斐国志』(古跡部第十　298頁)念場原について「……中世ニ清
次ト云フ者アリ新田ヲ開キ人戸ヲ建テ繁栄シテ念場千軒ト称セシ由樗畑・西窪辺ニ五輪
ノ石塔・渠迹等アリ矢ノ上・輿水・西大明神ナド地名存シタリ<u>後ニ村居廃シテ処々ヘ戸</u>
<u>ヲ移ス浅川ハ其頃建シ村ナリト云</u>」と在る(廃墟した原因については記されていない)。ま
た、中世の念場原において「(軍鑑ニ)天文八年閏六月廿日飯富兵部此処ニテ村上ガ兵防
ギ戦ヒ勝利ヲ獲ル事ヲ記ス……」と在り(ibid)、また『甲斐志料集成三』(1933：548)
でも、"天文8年(1539)の佐久村上軍と武田方飯富兵部の戦場地となり、天文11年
(1542)の平沢合戦が行われた際に、<u>住民が離散した</u>"ことが記されている(ここでは、
離散住民の姓や定住先などの記述は無い)。同様な伝承は樫山村の古老の語りにもあり(大
柴　2010：100, 102　利根川里平氏によるもので出典は不明)、それによると「<u>浅川区民は</u>
<u>天文15年(1546)武田信虎信州海ノ口平賀源信法師に焼き払はれた時より住始めた</u>」と
云う。以上の他にも、<u>浅川</u>に人が住み始めたのは天文15年(1546)と云われ(ibid)、ま
た、<u>浅川</u>姓が樫山に移住してきたのは永正10年(1513)に始まる(角川日本姓氏歴史人物
大辞典　1989)とも在る。

　三つ目は、『甲斐国志』以降に著わされた『甲斐国社記・寺記』(1868提出、1967発
行)、『日本神社明鑑』(1904)、『峡北神社誌』(1962)では、共に『甲斐国志』に準じる。
それらは、"清次の念場開拓伝説""念場千軒繁栄と離散""武田の合戦により住民離散"
が取り上げられ、「うじがみ平」あたりに定住していた住民が、"武田の合戦に因り住民離
散"また"玉川氾濫に因り離散移動"という展開で伝承が記述されている。玉川氾濫
に因り「玉川神社」と共に浅川住民の移動の伝承は、近世になっては玉川神社建設の伝承
と共に必ず浅川住民の移動が記されている。

　これら住民の移動や起源を語る伝承には、決まって"浅川"が登場する(ここで、"浅
川"と浅川姓が同一であるかどうかは不明である)。浅川姓については、古代では「柏崎牧」
に関わる民として云われ(現在は浅川姓の先祖神として「柏崎神社」が祀られている)、中世
では「清二伝説」および「武田氏合戦」による離散と「浅川ハ其頃建シ村ナリト云」(『国志』)
とあり、それぞれ浅川姓・浅川村についてルーツが記される。
「根場樫山」と離散や移動の歴史伝承の中に必ず浅川・浅川姓が伴って語られていること
は、年代・事件の史実はともかくとして、浅川(村・姓)と住民離散・移動が密接である
ことを物語っている。つまり、『甲斐国志』に記された年代や事件・史実はさておき(史
実とは異なったとしても)、浅川(村・姓)の離散・移動が存在したことの証と云えないか。

　ところで、上記の慶長から寛文(1602〜1666年の間)の浅川村、樫山村、長沢村にお
ける石高の著しい増加の背景に(前述)、住民の離散・移動(浅川村への人口流入)が想定
されるが、中世「武田合戦」伝承による離散の天文年間と慶長・寛文時とは、およそ50

～100年のズレがある。次で、慶長以前の字地と伝承からも見よう。

四節　浅川住民の離散・移動──慶長以前にも在ったか

　離散伝承の一つは、"玉川・大門川氾濫のために住民離散し「玉の権現」を移した""玉川・大門川氾濫に因り居村が消えた""玉川の氾濫により住民離散し、離散住民の一部が浅川に定住した"（『峡北神社誌』1962.など）というものである。また、"浅川区民は他へ離散したために、浅川には浅川姓がないのである"という伝承（笹村　1943：42）もある。いずれも、離散の時期は不明瞭である。

　字・筆数から見た時、慶長時における西に多い字は「深沢」「岩の上」「はんの木澤」「家の前」があり、西の筆数（耕地）割合が7割を占めている（B　第三章一節）。伝承によると（『峡北神社誌』）、「氏神平」（この字は明治期以降に誕生しているが）のあたりに「上屋敷」「下屋敷」の字が在ったとも云われている。また、「浅川の郷」（徳川家印判状写）が記されているのは天正10年（1582）である。以上によると慶長前から、既に西の開発が在りそのあたりに浅川郷・集落があったと推察される。

　浅川郷・集落の所在は、伝承を交えて想定すると現在の字「氏神平」「はんの木」の辺り・久曽川（御玉沢）流域に存在した。また、"浅川は深沢川に対する名"との伝承（前述）に因ると久曽川（御玉沢）を深沢川に対する"浅川"と名称したことになるか。この「浅川郷」の民は離散して（第一時離散・移動とする―筆者）、この地に移住してきた。

　その後、"玉川の氾濫に因り"、"再び住民離散・移動"（第二次離散・移動とする―筆者）するが、それは慶長から寛文時の時期に当たるだろう。そして、「玉の権現」が移され浅川村産土神が誕生するのは、慶長以降寛文時である（第二章参照、B　第三章二節1.）。

　第一時離散・移動は1500年代・武田による念場原合戦の時代で、この時に広範囲に離散した残党・落武者・街道の住民たちの多くが、広範囲に離散していった、その一部がお玉沢流域に定住し集落・浅川郷を成し、「お玉石」「玉野権現」を祀った。その民が、再び玉川の氾濫により離散・移動（第二次離散・移動）するが、それは、慶長から寛文時。この慶長から寛文時に「浅川郷」の民は、現浅川・長沢・樫山の三村へ離散していった。現浅川村へ移住した民が（慶長・寛文時の検地帳から見る限り）「玉の権現」を移し浅川村産土神が誕生する（第二章）。以上が、浅川（村・姓）の住民離散・移動について想定されることである。

　以上、慶長以前の中世にも住民離散・移動（第一次離散・移動）が在ったことを想定して記したが、中世の根羽樫山は甲・信の街道と合戦の戦場でもあったことが文書資料や史跡からも分る。当時の武田の多量の雑兵・残党・その他の流入者たちの行方はどうなったのか、街道の住民や民はどうしたのか、暮らしはどうであったか、などは全く未知である。だが、その当時の史実の一端を示すのが、住民の離散・移動伝説・伝承であると云えるだろう。

第二章　「玉野権現」浅川村産土神誕生および集落・郷・「村」

一節　慶長から寛文時の「お玉石」「玉野権現」と浅川村・樫山村

　浅川村の氏神である「玉川神社」（玉野権現ともいう）は東の居村区前田に建立されて在る（C－写真1．浅川村「玉川神社」）。そして、玉川神社・玉野権現の奥社（宮）は浅川村居村から離れた大門川下流域の鐘山に祀られている（C－写真2．「玉野権現奥社」）。また、「氏神たいら」の地には「御玉石」が置かれ、ここが「多麻の庄」起源・発祥地とも云われる（C－写真3．お玉石）。これらの伝承記事は断片的・部分的だが『甲斐国志』（巻之47　古跡部第十：286、巻之65　神社部第十一：93 参照）に始まり、その記述は『甲斐国社記・寺記』『日本神社名鑑』『峡北神社誌』などに引き継いで記され、語られている。大要は次のようである。「浅川村はもと念場千軒と云われた頃念場ヶ原にあって浅川と云ったが後に現地へ移った。念場ヶ原を開墾していると石塔や火を燃やした跡がでてくる。念場の玉石澤に古く社があって今は浅川の玉川神社の社有地になって居り、丸石が三つ竝んでいる。地検交付の時念場を放棄した。玉川神社を移したから村名を継承したものらしい。始め浅川は七件あった。浅川から近郷へ出た家が樫山でも津金でも浅川姓を名のったもので浅川には浅川姓がないのだと近郷では云ふ（以上の話者は浅川村の藤原喜重氏〈明治14年生まれ　昭和18年調査時62歳〉による）。」（笹村　1943：42）
「お玉石」について『御水帳』の記載および「地名考」から見ると、慶長7年当時、「おたま石窪」「おたま石」の字地は樫山村に在るが浅川村にはなく、「おたま石窪」「おたま石」には浅川村の入作も無い（C－表4．参照）。だが、慶長7年当時の浅川村で最多の筆数をもつ字・深沢（37筆。樫山村の「上ふか澤」「ふか澤のはけ」の字とも接近）の内の1筆（下々畑3畝）に「玉野権現領 源丞」と付記されている（「玉野権現」初出　C－写真4．）。
　源丞は浅川村慶長屋敷数名請人9人中の一人で（B　第二章一節3．参照）、因みに、源丞の耕地規模は2町4反6畝24歩で最多である（屋敷規模は最上位は与十郎156坪、次に新七郎72坪、善六と源丞は60坪で中位）。なお、また、深沢37筆中9筆が源丞分で、源丞自身の耕作地は山畑1町20歩と下々畑4畝12歩、下々畑3畝（これが「玉野権現領」源丞）、この他の源丞分下々畑4筆5畝20歩を甚三、源右衛門、甚兵衛、善六が耕作、源丞分山畑2筆4畝12歩を善六、新六が耕作している。このように、浅川村の中で源丞の屋敷規模は大とは言えないが、最多の耕作地を持つ本百姓である（屋敷規模と耕作地規模の大きさは並行しないことが分る）。なお、また、源丞は慶長検地の際の案内人（源丞一名のみ）として記されている（B－写真1．参照）。以上から見て源丞は、当時の浅川村の有力者と云える。ここで「玉野権現」が有力者である源丞個人の祭祀であるか、あるいは集

落の祭祀であるかは不明であるが、「玉野権現」信仰が慶長時（1602）に存在したことは
明らかである。

　以上を含めて、「玉野権現」発祥の歴史を要約すると次の様になる。

・慶長時の字「おたま石窪」「おたま石」および「玉野権現領」の在る字「深沢」辺りに、
　寛文時には新字「うち神ひら」が登場する。

・慶長時の字「おたま石窪」「おたま石」は樫山村の耕作地であり、浅川村の耕作地は無
　い。慶長時の浅川の「玉野権現領」は、字「深沢」にある（「おたま石窪」「おたま石」
　には存在しない）。

・「玉野権現」は、慶長時「深沢」の一筆中に「源丞」名請人が記されている。これが、
　「玉野権現」初出である。「玉野権現」は、寛文時には浅川村の産土神になる（**B－表5.**
　も参照）。ここで、慶長時の「玉野権現」が源丞の個人祭祀であったか、あるいは集落
　共同祭祀であったかは不明である。

・地理的に見たとき、字「はんの木」と「氏神平」の中央を久曽川が大門川へ流れ下る。
　久曽川は「お玉沢」に合流している。（**C－絵図1.2.** 参照）。

・慶長検地帳には「お玉沢・久曽川」沿いに「お玉石」「お玉石窪」の字地が存在するが、
　慶長時、この字が「玉野権現」（信仰）の対象地であったかどうかは分からない。

・「玉野権現」（信仰）は、慶長時（1602）の字「深沢」の地から誕生している。

「玉野権現」（信仰）が、中世（念場千軒、清二伝説、武田合戦の時代）に存在したことを実
証する資料が、現在のところ無い。現在では、「お玉石」「玉野権現」「浅川村産土神」、そ
して「玉の庄起源」が一体的になって記され伝承されている。だが、慶長時には樫山村に
字「お玉石」「お玉石窪」が在るが、浅川村には無い。つまり、慶長時には、「玉の庄」発
祥の地と伝承される字「お玉石」「お玉石窪」は樫山村の所属耕作地で、浅川村の存在は
無かった。また、慶長・寛文時以降において浅川村は玉川神社（玉野権現）を産土神に祀
るが、樫山村は慶長時すでに山王（権現）を産土神に祀っている（山王権現・日吉神社につ
いては**第四章二節1.** も参照）。

　この状態から見ても、両村の成立過程と歴史は錯綜している。『国志』はじめ歴史書に
在る記述は伝承に因るもので、史実は未知であると云える。

C－表4．「玉野権現」誕生と「お玉石」関連字地

	浅川村	樫山村
慶長7年 (1602)	深沢　No12．37筆の内の1筆に 玉の権現領　源丞　※	おたまいし窪　No35．2筆 おたまいし　No40．6筆（内1筆小倉村入作）
寛文6年 (1666)	玉権現領（屋敷検地の余地として）。 うぢ神ひら　No106．？筆	おたまいし　No147．11筆（内2筆浅川村入作）
明治8年 (1875)	氏神平	

※「深沢」は慶長7年当時、浅川村において最も筆数の多い字である。「樫山村の内浅川村」検地帳に
　在る深沢の場所は、現在の浅川村居宅地から比較的近く、大門川を渡った西側の「深沢橋場」「あ
　まね坂」（B‐地図1．⑳⑪参照）近辺と思われる。寛文検地帳に在る「うち神ひら」（明治8年の
　「氏神平」）は慶長時には無い。

二節　「玉川神社造営」と「五郎屋敷」伝承
――「五郎屋敷」は慶長・寛文時の人口流入に因るものだったか

　浅川村における寺社関係を見たとき、慶長時には若宮の字（No3．22筆）以外に、寺社
関係らしき字は見られない。寛文になると玉野権現領、神明領、若宮八幡宮領、駒形明神
領、そして御番屋敷、常蔵院が記される。ここから、慶長時の浅川村9戸の民は若宮（八
幡宮）を信仰していたと推測される。そして寛文時になると玉野権現が氏神になる（B－
表5．も参照）。

　ところで、寛文検地に新たな字「五郎屋敷」が最多筆数で登場する。この五郎屋敷は玉
川神社南に在り、伝承では「玉川神社造営の大工棟梁の五郎が住んでいた処、玉川神社の
造営を契機に人が集まり字“五郎屋敷”が誕生した」と云われている（A　第一章　地名
考㊶）。

　ここで、玉川神社造営年について『峡北神社誌』には「元文5年（1740）に起工し、
翌寛保元年（1741）に完成した」（小沢　1692：236-237）とある。以下、「天文年間武田
信虎海ノ口平賀玄心と戦いの時に住民悉く居を廃し所々に分散、その内の一部の者が現在
の氏神平に転じ、以来元禄3年（1690）瑞籬山（※瑞籬山は誤り－筆者）に祠字を建て遷
座した。始め野に玉石を祀ったので玉野社とも玉野権現とも呼ばれた。そしてその辺大門
川に沿い浅川村落をなし今に上屋敷、下屋敷と字名になっている。社地の御山の下で大門
川は玉川となり丈余の淵が二つある。それは玉野淵権現淵と呼び、その下流に沿える村々
を玉野庄と呼ばれ氏神平の名称も起こったのである。同所は偶々大門川の水害を蒙り住民
は相ついで現地の浅川部落に再び居を転じたのである。（以下、略記）社地は山続きで沢
が深く社は破損、祭事も困難だったので神託の結果、ここを奥宮とし、現在の前宮を部落
内前田に建立した、元文5年（1740）に起工し、翌寛保元年（1741）に完成した（以下、
略）」（ibid）とある。

　この記述に因る“玉川神社の造営”の　元文5年（1740）は、検地帳に因る慶長から寛文時（1602〜1660年）の間の“玉野権現の誕生”と“五郎屋敷”伝承の時期に合致しない（B　第三章でも記した）。では、急増した新字「五郎屋敷」伝承は何だったのか。

　慶長から寛文時（1602〜1660年）の字・筆数・石高の著しい増加（前述）の背景に人口流入・増加を想定したが（第一章二節）、新字“五郎屋敷”（筆数最多）は居住区の東へ流入した多量の人口増の結果であり、それが、後の“玉川神社造営”と結びつけて語られた伝説ではなかったかと推察される。

三節　度々「お玉石」移動、「たまの庄」伝承

　玉野権現・お玉石の地は多麻ノ庄発祥の地であると語られる。この言説は『甲斐国志』（古跡部第十　286頁、1800年代初めころの版行）の次の記述に始まると云えるだろう。「多麻ノ庄　多麻ハ玉ナリ浅川村ノ瑞牆山（ミズガキ）ニ玉ノ権現ノ祠御（ヤシロ）玉沢・水晶山・玉淵等ノ名アリ金峯（キンプ）ノ西麓ニ連リタル処ニテ其末流ヲ玉川ト云此渓ノ左右ニ傍ヒタル数村樫山・浅川・津金・穴平・若神子・小倉・東向・大蔵・藤田・豆生田等之ニ属スト云……」（下線筆者）。（※玉ノ権現ノ祠御（ヤシロ）は瑞牆山（ミズガキ）ではなく、玉川淵の鐘山である。『峡北神社誌（1962：236-237）』も瑞牆山（ミズガキ）を踏襲している。）そして、『国志』の後の『日本神社明鑑』、『峡北神社誌』では、次のように記されている。要約すると、“玉野権現の始めは、浅川住民が「氏神平」に移住後の元禄3年（1690）祠字の創建から始まり、その後、享保16年（1731）京都神祇伯資敬王殿より玉川神社の号を賜わり「玉川神社」（1741年に前宮）の建立が叶えられた。”と記されている。

　ここで、「玉野権現」発祥の源となった「御玉石（みたまいし）」は、伝承記録では数度移動する。例えば、『高根町のむかし話』（山本　1988：31、下線筆者）から引用すると、「むかし、念場千軒と云われて栄えた念場ヶ原（今の東念場玉ヶ石）にあったという御玉石は当時の氏神としてあがめられていたものという。その後、鐘山（今の玉の権現）に移し、再び玉川神社（浅川）に移し、また、東念場に移されて草ぼうぼうの荒地の中にポツンと置かれている。多麻の庄の起源といわれ、この川を御玉沢といい、合流して玉川となり、更に須玉川となっている（口碑伝説集　谷口彰男）」とある。これによると「御玉石（みたまいし）」の移動は、念場ヶ原（今の東念場　玉ヶ石）→鐘山（今の玉の権現、奥宮）→玉川神社（浅川部落内、前宮）→元の念場ヶ原（今の東念場玉ヶ石）と→印の順に移動する。ここで、玉川の氾濫に因る鐘山から玉川神社への移動を経て後に、再び玉川神社（浅川部落内、前宮）から、元の念場ヶ原（今の東念場　玉ヶ石）に戻された時期（玉川神社建立の後になるので、1741年以降か）、経緯は記録もなく不明であるが、この、度々の「玉野権現」移動伝承は、そもそも浅川の離散・移動に関わる歴史を物語っているものと云えないか。

四節　慶長六年『逸見筋樫山之内浅川村御水帳』とは
──近世の「郷」「村」から

　樫山村、浅川村における最初の検地は慶長6年（1602）である。その樫山村は『甲州逸見筋樫山村御水帳』（A－写真1.）、浅川村は「甲州逸見筋樫山の内浅川村御検地水帳」（B－写真1.）と記されている。「樫山の内浅川村」とは樫山の内に属する意味か。

　当時の逸見筋にある村の『御水帳』をみたとき、他にも同様な記載のされ方が見られる。例えば、「長坂之内下条村」「長坂之内渋沢村」もある（1975：285）。また、「甲斐国における近世的村落の展開過程」（柴辻：1979）、「近世初頭武士集団における親族関係－甲州津金衆」（服部：1978）の論文中の文書資料から「郷」について見ると、石高10貫以上の集落は「郷」が記され（例えば、津金郷20貫、村山郷200貫、三蔵郷50貫、比志郷30貫など）、10貫以下には郷と記されていないのが一般的に見られる（例えば、根羽樫山5貫、矢戸8貫、蔵出8貫など）。だが、浅川郷（4貫5百文　天正10年「徳川印藩状写」）の例外もある。

　また、慶長、寛文の『御水帳』（1602年、1666年）において、樫山村の善福寺について「一郷一寺」と記されている。また、樫山を「本郷の……」と記している箇所もある。

　ここから、中世における「郷」というのはある一定以上の人戸の集落（一般的に石高10石以上の集落）を云ったと見られ、それが、近世になると「村」に変化していったものと見られる。近世、寛文検地帳（1666年）においては入作者（名請人）の何某村が記されているが、慶長検地帳（1602年）においては"何某の"何某のみで「村」が記されていないが（C－写真5.）、これは、慶長時において「村」の認識が明確でなかった状態を示すものと云える。なお、入作の実態からも、集落間の境界は混交し曖昧なところが見られる（第三章）。

　慶長時『樫山の内浅川村御水帳』『樫山村御水帳』の記載は、中世から繋がる村成立の過渡期における浅川村と樫山村の混沌状態の表れと見る。文書の「村名」記載から辿ると次の経過が推察される。
・中世、地域は「根羽樫山」と記されている。「根羽樫山」地域の中には、集落・樫山郷と浅川郷が存在した。樫山郷（集落）の中心は現在の樫山・東の小倉寄りに、浅川郷（集落）は現在の浅川・西の念場にあった。
・16世紀の集落・「浅川ノ郷」の所在は、西の念場の地に在った（天正10年（1582）、「徳川印判状写」に「根羽樫山」および「浅川ノ郷」が見える）。
・慶長時の集落・「浅川ノ郷」は、西の念場の地（現在の字「氏神平」の辺り）に在り、「樫山村の内」の認識であった。
・その以降から寛文時の間に集落・「浅川ノ郷」は、現在の浅川村東地区（東地区は当初から「浅川」と云う地であったかどうかは不明）の地に移動し、浅川村となる（産土神・玉野権現の誕生により浅川村が誕生・確立する）。

　この経過から慶長時（1602年）は、浅川「村」成立の過渡期、つまり樫山村（根羽樫山）の内において新たに浅川村誕生の時期であった。その状態が「樫山の内浅川村」と記された。

第三章　慶長から寛文　樫山村と浅川村における入作の実態

一節　「入作」定義、前置き、歴史概要

「入作」の定義：

　入作とは「近世、村切が行われると、他村の耕地を耕作する場合を出作とよび、耕作地の在る村ではこれを入作と称し〈にゅうさく〉とも読んだ。耕地の石高は耕地のある村の村高に含まれ、年貢も耕地のある村の領主に納めた」（平凡社『百科事典』）。以上の定義に基づく樫山村および浅川村の入作は『御水帳』に記されている樫山村（あるいは浅川村）の地へ樫山村（あるいは浅川村）以外の村の者が入り耕作することを差す。

「入作」前置き：

　慶長・寛文時の『御水帳』では「入作」「出作」の語は使われて無いが[注1]、名請人の傍らには他村名の "何某村""何某" が記されている（慶長時には "小倉の""何某"、"浅川の""何某"、の如く記され村が記されない）（C－写真5.）。これにより入作の村、名請人、字他、耕作規模、筆数、などを知り得る。

　樫山村・浅川村「入作」の歴史概要：

　八ヶ岳南麓に位置する「念場ヶ原山」は、広大な山林・原野が広がり、その周囲は浅川村、長沢村と逸見筋の村々、および信州平沢村と佐久の村々が近接する。古において、この地は自由に出入りした。そもそもは「入会」「入作」もなく、土地所有・使用権はなかった時代があり、その後、一定の地・「入会地」に住民が共同で物資を採取する形が現れ（「入会」と云う）、さらには一定の地・「入会地」に対し年貢を幕府に収めて（「入会小物成」と云う）物資を採取することが制度化されるようになった。この「入会」制度は徳川幕府中期頃までには確立したと云われている（念場ヶ原山恩賜林保護財産区沿革誌編集委員会　1988：36、山梨県　2012：3）[注2]。樫山村、浅川村における「入会」制度の成立・経過など詳細な時期は不明だが、1702年の「村明細帳」には「逸見筋11カ村入会地」「信州4カ村入会」の記載が在る[注3]。従って、ここでの慶長から寛文時（1602～1666）は、「入会」「入作」の成立から確立する時期にあったと見られる[注4]。

　以下、樫山村、浅川村両村の慶長・寛文時「検地帳」における字と筆数を基にした入作の実態を見て行く。入作の実態を字と筆数で見ることで、入作の地理的な実態が把握できる。なお、入作の比較を筆数で見て行くことは、石高を左右する指標を耕地規模ではなく筆数（耕地）で類推することになる。

　まず、樫山村と浅川村における入作の実態を見て行くにあたり、両村の位置を示し説明

して置く。樫山村は大門川を挟んで、東（小倉寄り・居住区）と西（念場側）に位置し、その東と西の間に浅川村が位置している（**C－絵図1.2.**）。また、浅川村は大門川下流の深沢川を挟んで、東（居住区）と西（念場側）に分かれる位置にある。なお、浅川村の字地割付図（明治初年に記された文書）を示す（**C－絵図1.2.3.** 参照）。

二節　樫山村における字・筆数から見た入作の実態

1. 樫山村慶長時（1602年）の入作（C－表5.6. 参照）

　入作の東と西：樫山村の慶長時における全筆数1,156筆に対して入作筆数73筆（6.3％）である（**A　第二章一節**）。入作73筆中の東は7筆、西は66筆で東と西の割合は西が9割を占め西への入作割合が圧倒的に多い。

　樫山村東（居村地）における入作は、字「小倉堺」「志やくし」「堂の後」「村の後」に見られ、入作の村では（慶長『御水帳』では「村」「は記されていないが、ここでは「村」を付けて記す）、全入作の7筆中6筆が小倉村であり（小倉の新三郎3、助丞分小倉の清七1、善九郎分小倉の清七2）、後の1筆は浅川の五郎左衛門となっている（**C－表5.**）。近接する小倉村の入作が多く見られるが、字小倉は樫山村の居村地でもあり字・筆数も多く在る（第一章参照）。樫山村と信州小倉村には同名字地があり（南佐久郡南牧村誌編纂委員会1986：52）小倉における信州と甲州の境界は錯綜・混雑している。これについては、中世・武田の時代において小倉集落が一方は信州平沢、もう一方は甲州樫山へ二分したと考えられる歴史経過もある（「天正2年に武田信玄が戦略上、小倉を平沢へ移住させた」（南佐久郡役所　1919：824））。また、東（居村地）に浅川村1筆の入作が在るが、後述する浅川村慶長において、浅川村東（居村地）に樫山村1筆の入作もあり、両村の混交が見える。

　樫山村西（念場）における入作は、長沢村の「中澤・なか澤の上」「まつばのそり」の入作割合が圧倒的に多く、長沢村からは近接地になる。また、小倉村の「なか澤の上」「まつばのそり」と「おたまいし」入作も15筆あり、浅川村も「なか澤の上」「まつばのそり」へ入作している。西（念場）の「中澤」「まつばのそり」「おたまいし」は、慶長時に真っ先に村々が入作し開拓・進出したことが窺える。

C－表5. 樫山村　慶長入作―字・筆数・内訳

	初出順 No.（筆数）	字	入作筆数	樫山村筆数	入作村内訳
東	1.　　（10）	小倉堺	3	7	小倉の新三郎　3
	15.　　（9）	志やくし	1	8	浅川の五郎左衛門　1 （山畑6畝2歩）
	32.　　（15）	堂の後	1	14	助丞分　小倉の清七　1
	33.　　（126）	村の後	2	124	善九郎分　小倉の清七　2
	東合計筆数　　（160）		7	153	
西	36.　　（1）	中澤	1		長沢　二郎左衛門分与左衛門　1
	37.　　（73）	なか澤の上	36	37	長沢　28（長沢何某18、長沢二郎左衛門分何某2、助丞分長沢の何某4、善兵衛分長沢の何某4） 小倉4（小倉の何某3、善左衛門分小倉の何某1） 浅川3 ※入作の何某　1
	40.　　（6）	おたまいし	1	5	小倉の源次郎　1
	41.　　（71）	まつはのそり	28	43	長沢16（長沢の何某12、善九郎分長沢の何某3、弥九郎分長沢の何某1） 小倉10 浅川1 ※いての何某1
	西合計筆数　　（151）		66	85	

C－表6. 樫山村　慶長入作―東・西、村別の字・筆数内訳

	入作の村	筆数	内訳
東	小倉村	6	小倉堺　　3 堂の後　　1 村の後　　2
	浅川村	1	志やくし　1
西	長沢村	45	中澤　1 中澤の上　28 まつはのそり　16
	小倉村	15	中澤の上　4 おたまいし　1 まつはのそり　10
	浅川村	4	中澤の上　3 まつはのそり　1
	※入作の何某	1	中澤の上　1
	※いての何某	1	まつはのそり　1
	慶長入作合計筆数	73（東　7、西　66）	

2．樫山村寛文時（1666年）の入作（C－表7．8．参照）

　入作の東と西：樫山村の寛文時全筆数2,527筆に対して入作筆数は271筆（10.73％）である（A　第二章二節）。入作271筆中の東は16筆、西は255筆で東と西の割合は西が9割を占め西の入作の占める割合が圧倒的に多い（C－表7．8．）。

　樫山村東（居村地）における入作は「とちくぼ・とちくぼ沢」「中原」「川窪」「塩川」で、慶長時の居村地入作と異なり、平沢村寄りの川沿い・原野の地であり最寄りの平沢村が占める。

　樫山村西（念場）における入作は「つきのき坂」「ひらはた」「海田」をはじめとする川俣川沿い・念場原側の入作が圧倒的に多く、その殆どは最寄りの長沢村が占めている（C－表7．a）。また、「めうといし」「はんの木」「松の木はら」「大明神窪」は最寄りの浅川村・長沢村の入作が占め（C－表7．b）、「池の窪」「道上」「お玉石」は最寄りの浅川村の入作が占めている（C－表7．c）。

C－表7．樫山村　寛文入作―字・筆数・内訳

		初出順No.（筆数）	字	入作筆数	樫山村筆数	入作村内訳
東		88．　　（4）	とちくぼ	4		平沢　4
		91．　　（1）	とちくぼ沢	1		平沢　1
		89．　　（1）	中原	1		平沢　1
		34．　　（10）	中原		10	
		90．　　（2）	川窪	2		平沢　2
		92．　　（14）	塩川	8	6	平沢　8
		87．　　（17）	塩川		17	
	東合計筆数　（49）			16	33	
西	a	116．131．（5）	尼ごや	5		長沢　5
		117．　　（7）	麦つきやしき	7		長沢　7
		118．　　（37）	海田	37		長沢　37
		119．130．（13）	中河原	13		長沢　13
		120．　　（38）	平畠	38		長沢　37、平沢　1
		121．　　（19）	東の窪	19		長沢　19
		122．　　（4）	水金（兼）沢	4		長沢　4
		123．127．（3）	湯柳	3		長沢　3
		124．　　（2）	※湯柳下		2	
		125．　　（17）	松の木沢	7	10	浅川村　7
		128．　　（1）	廣原	1		長沢1
		129．　　（1）	川又	1		長沢1
		132．　　（46）	つきのき坂	46		長沢46

b	133. 134.	(39)	めうといし	30	9	長沢　29、浅川村日光院　1
	135.	(14)	大明神窪	9	5	長沢　7、浅川　2
	142.	(28)	松の木原	9	19	長沢　3、浅川　6
	143.	(52)	はんの木	10	42	長沢　4、浅川　5、下津金　1
c	141.	(40)	道上	6	34	浅川　6
	147.	(11)	お玉石	2	9	浅川　2
	148. 150.	(38)	池の窪	8	30	浅川　8
西合計筆数	(415)			255	160	

C－表8. 樫山村　寛文入作―東・西、村別の字・筆数内訳

		入作の村	筆数	内訳
東		平沢村	16	とちくぼ　4、とちくぼ沢　1 中原　1 川窪　2 塩川　8
西	a	長沢村	173	尼こや　5 麦つきやしき　7 海田　37 中河原　13 平畠　37 東の窪　19 水金（兼）沢　4 湯柳　3 廣原　1 川又　1 つきのき坂　46
		浅川村	7	松の木沢　7
		平沢村	1	平畠　1
	b	長沢村	42	めうと石　28 大明神窪　7 まつのき原　3 はんの木　4
		浅川村	15	めうと石　2 大明神窪　2 松の木原　6 はんの木　5
		下津金村	1	はんの木　1
	c	浅川村	16	道上　6 お玉石　2 池の窪　8
寛文入作合計筆数			271（東　16、西　255）	

3．樫山村　慶長から寛文の入作（C－表9．参照）

　以上、慶長・寛文時を通して入作の実態を見ると次のように集約される。

1）樫山村の慶長から寛文における入作の割合は増加している（慶長6.3％から寛文
　10.7％）。

2）居村から最寄りの地に入作・開拓が開始されている。

3）樫山村へ入作の村を見ると（C－表9．参照）、慶長時入作筆数の多い村は、長沢村、
　小倉村、浅川村の順である。寛文時入作筆数の多い村は、長沢村、浅川村、平沢村（慶
　長時は小倉村）、そして、下津金村の順になる。入作村の中では長沢村が慶長、寛文と
　もに最多を占め（入作全体の半分以上）、寛文時にはさらに増加率が高くなる（3.9％から
　8.5％へ増加）。また、浅川村の樫山村への入作割合は、慶長から寛文時において増加し
　ている。また、平沢村（小倉村）の樫山村への入作割合は、慶長から寛文には減少して
　いる。

4）慶長から寛文にかけて広大な「念場樫山」の地に近隣の長沢村と浅川村、信州の平
　沢村（小倉村）が競って入作を始めたことが見える。

C－表9．樫山村　慶長時および寛文時における入作村の筆数と割合

慶長		入作筆数（全筆数1,156筆に対する割合）	備考
全体		73　　（6.3％）	
	内訳：長沢村	45　　（3.9％）	
	小倉村	21　　（1.8％）	
	浅川村	5　　（0.4％）	
	不明	2　　（0.2％）	

寛文		入作筆数（全筆数2,527筆に対する割合）	備考
全体		271　　（10.7％）	
	内訳：長沢村	215　　（8.5％）	
	浅川村	38　　（1.5％）	
	平澤村	17　　（0.7％）	
	下津金村	1　　（－）	

二節　浅川村における字・筆数から見た入作の実態

1．浅川村慶長時（1602年）の入作（C－表10．11．参照）

　入作の東と西：浅川村の慶長時全480筆数に対して入作筆数の占める割合は32筆

（6.7％）である（**B　第二章一節**）。入作 32 筆中、東は 1 筆、西は 31 筆で西の占める割合
が圧倒的に多い。

　浅川村東（居村地）の字「むかい田」26 筆中 1 筆は樫山村の善九郎による入作（因み
に、規模は下田 1 畝 26 歩　付着）がある。一方、前述の樫山村東（居村地）No15.「志やく
し」8 筆中 1 筆を浅川村の五郎左衛門の入作（因みに、規模は山畑 6 畝 2 歩）が見られた、
この混交は樫山・浅川両村の歴史をたどる資料として注目しておきたい。

　浅川村西（念場）の全入作 31 筆は、「あいの原」「ためが原」「中沢」が占める。これら
の字は浅川村からは 4 ～ 6 キロ以上の遠隔地にあり「あいの原」「ためが原」は信州との
国境に接する。「あいの原」は『御水帳』に "あいの原これより平沢より入作" とあり、
全て平沢村の名請人（入作）で占められ（14 筆中 1 筆のみ海の口村が在るが）、浅川村の耕
作は無い。また、「ためが原」「中沢」においても最寄りの信州の村々（海の口村、川上村、
広瀬村、平沢村）の入作が多く、また長沢村入作も見られる。なお、「ためが原」「中沢」
には浅川村自身も多数の筆数（耕作地）を耕作し開拓・開発している（**C－表 10**）。但し、
この字地は浅川村からは最も遠隔地にある。

　慶長時の入作村別で見ると（**C－表 11.**）、東は樫山村 1 筆のみ、西では平沢村を含む
信州の村（平沢村 14 筆、海の口村 8 筆、川上村 1 筆、広瀬村 1 筆）で占められ、次が長沢村
の 7 筆である。

C－表 10.　浅川村　慶長の入作－字・筆数・内訳

	初出順 No.（筆数）	字	入作筆数	浅川村筆数	入作村内訳
東	6.　（27）	むかい田	1	26	樫山の善九郎　1（下田 1 畝 26 歩　）
西	19.　（14）	あいの原	※ 14	なし	※海の口村　1、平沢村　13
	20.　（63）	ためが原	13	50	川上村　1、海の口村　5、 広瀬村　1、長沢村　6
	21.　（17）	中沢	4	13	海の口村　2、平沢村　1、長沢村　1
西合計筆数（94）			31	63	

※　「あいの原これより平沢より入作」とある。
　　「あいの原」全 14 筆中、全部が信州入作で浅川村耕作は無い

C－表 11.　浅川村　慶長入作―東・西、村別の字・筆数内訳　　　　　（信）は信州の村

	入作村	筆数	内訳
東	樫山村	1	むかい田　1
西	平沢村　（信）	14	あいの原　13、中沢　1
	海の口村　（信）	8	ためが原　5、中沢　2、あいの原　1
	長沢村	7	ためが原　6、中沢　1
	川上村　（信）	1	ためが原　1
	広瀬村　（信）	1	ためが原　1
慶長入作合計筆数		32（東　1、西　31）	

2．浅川村寛文時（1666年）の入作（C－表12．13．参照）

　入作の東と西：浅川村の寛文時全筆数946＋α（欠冊分）に対して入作の占める筆数は239＋？（欠冊の内の入作分、およそ25.3％）である（B　第三章二節）。入作946+α筆中の東は無し、西は239＋？となり、入作は西のみにおいて見られ増加が窺える。

　寛文時の浅川村東（居村地）における入作はゼロであるが、西においては字・筆数ともに増大が見られ入作は239筆＋？となる。字地で見ると、浅川村とは遠隔地で甲・信国境に位置する「ためが原」「あいの原」と「中沢・中沢入り・中沢原」の周辺を始め、大門川中流の深沢川沿いに位置する「こふか沢・深沢・深沢こし水・深沢入り・深沢岩の上・下深沢」の字・筆数増加（耕地開拓・拡大）を始めとして、新字地・入作地が念場原の広範囲に拡大して見られる。入作字地は慶長時につづき寛文時も同様に浅川村自身の新たな耕作地が増大している（C－表12）。村々が競って開拓・開発したことが見られ、寛文時の入作増加は共に多数の新字誕生と筆数増加が見られる。

C－表12．浅川村　寛文入作‐筆数・字・内訳

	初出順No.（筆数）	字	入作筆数	浅川村筆数	入作の内訳
東	無				
西	3. 31.　（23）	ためが原	23		平沢　23
	6.　（8）	中沢入	8		平沢　8
	7. 10.　（5）	中沢原	5		平沢　5
	8. 11. 13.　（7）	中沢	7		平沢　7
	2. 28. 30. 64.　（30）	こふか沢	17	13	平沢　13、樫山4
	20.　（3）	こふか沢橋場	3		平沢　3
	41.　（1）	深沢	1		平沢　1
	97.　（?）	深沢こし水	?	?	?
	99.　（?）	深沢入	?	?	?
	113.　（?）	深沢岩の上	?	?	?
	114.　（?）	下深沢	?	?	?
	33. 35.　（39）	水のかしら	39		平沢　39
	22.　（17）	上あいの原	17		平沢　17
	29. 40.　（7）	あいの原	7		平沢　7
	14. 19.　（26）	しっぽち沢	16	10	平沢　16
	4.　（19）	かみの原	19		平沢　19
	25. 27.　（9）	塩川	9		平沢　6、樫山　3
	12.　（8）	湯柳	8		平沢
	1. 21.　（19）	屋の上	17	2	平沢　17
	5.　（2）	はまいば	2		平沢

16.	(18)	西久保	12	6	平沢　9、長沢　3
17.	(8)	西久保梨の木沢	6	2	平沢　6
23.	(5)	□□？	5		平沢　5
24.	(3)	川窪	3		平沢　3
26. 37. 39.	(4)	瀧の上	2	2	平沢　2
32. 34.	(9)	道あかど	9		平沢　9
36.	(25)	ひえ田	2	23	平沢　2
38.	(1)	こし水	1		平沢　1
63.	(4)	越水原	1	3	平沢　1
西合計筆数　（300＋？）			※239＋？	※61＋？	

※　？は4冊目欠

C－表13.　浅川村　寛文入作の東・西、村別の字・筆数内訳　　　　　（信）は信州の村

入作の村		筆数	内訳
東	無		
西	平沢村（信）	229	ためが原　23 中沢入、中沢原、中沢　20 こふか沢、こふか沢橋場　16 深沢、深沢こし水、深沢入、深沢岩の上、下深沢　1＋？ 水のかしら　39 上あいの原、あいの原　24 しっぽち沢　16 かみの原　19 塩川　6 湯柳　8 屋の上　17 西久保、西久保梨の木沢　15 道あかど　9 その他　16（はまいば　2、□□　5、川窪　3、 　瀧の上　2、ひえ田　2、こし水　1、越水原　1）
	樫山村	7	小深沢　4、塩川　3
	長沢村	3	西久保　3
寛文入作合計筆数		※239（東　0、西　※239＋？）	

※239＋4冊目欠分（深沢こし水・深沢入り・深沢岩の上・下深沢）

３．浅川村　慶長から寛文の入作（C－表14.　参照）

以上、慶長・寛文時の入作の実態は次のように集約される。

１）慶長から寛文時における浅川村への入作割合は増加している（慶長6.7％から寛文は、凡そ25％）。

２）近隣の村から最寄りの地に入作（開拓）が開始されている。

３）浅川村への入作は、慶長の1筆東を除き慶長・寛文とも西（念場）に見られる。

　慶長時の浅川村西への入作は、東の居村地から最も遠く隔絶した信州との国境の「あいの原」「ためが原」および「中沢」に始まる。寛文時入作は専ら西（念場）のみに見られ、慶長時の入作地とその周辺地に新たな字・筆数の増加が著しい。

4）浅川村へ入作の多い村は（C－表14．参照）、慶長時は信州の村（平沢村14筆をはじめ海の口村8筆、川上村と広瀬村が各1筆）が最多で、次に長沢村7筆、樫山村1筆の順である。寛文時においても（4冊目欠の数値で見るが）、信州平沢村が圧倒的に多くを占め、他に樫山村、長沢村の入作がある（C－表13．）。

5）浅川村の西は樫山村の中央・大門川沿い西側を南北縦長に割り込むような形で位置する（C　絵図1．2．3．参照）。浅川村の新開拓・耕地拡大はこの西の大門川・深沢川流域に集中的に見られる。

6）慶長から寛文時における浅川村の筆数増加地（開拓・拡大）は、最も遠隔地に位置する処であり、これらの地は平沢村をはじめ信州の村が競って入作開拓を行った場所でもある。

　ここで、慶長から寛文時における浅川村の耕地拡大・開拓が隣地から始まるのではなく、居村から最も遠距離に位置する隔絶した地（「あいの原」「ためが原」「中沢」）に始まり、同様に遠距離に位置する深沢川の上・中流域に開拓・拡大していくことが見られる。この背景については前章（第一章二節）で述べたことが関係するだろう。

C－表14．浅川村　慶長時および寛文時における入作村の筆数と割合

慶長		入作筆数（全筆数480筆に対する割合）	備考
全体		32　　（6.7%）	
	内訳：平澤村（信）	14　　（2.9%）	信州24（5.0%）
	海の口村（信）	8　　（1.7%）	
	長沢村	7　　（1.54%）	
	川上村（信）	1　　（0.2%）	
	広瀬村（信）	1　　（0.2%）	
	樫山村	1　　（0.2%）	

寛文		入作筆数（全筆数946＋α筆に対する割合）	備考
全体		239＋?　（25.3%）	?は5冊中1冊欠 %は欠のままで計算
	内訳：平沢村（信）	229　　（24.2%）	
	樫山村	7　　（0.7%）	
	長沢村	3　　（0.3%）	

4．まとめ

・本来は境界も公私も無いところから集落の「郷」、「村」がつくられ、境界が成立・確定していく過程が在った。

・中世の「念場樫山」の内には樫山集落・郷があり、また浅川集落・郷があった。**（第二章四節）**

・近世「入会」のはじめ、「念場ヶ原山」の広大な入会地には近隣の村々（逸見14ヵ村、信州南佐久の村々）が競って入作を開始した。樫山村（中世文書にある「念場樫山」）は、「念場ヶ原山」の内、あるいは近接地に位置し、樫山村の周囲には小倉（平沢）、浅川、長沢の各村が接している。これらの村々は競って最寄りの樫山村（念場樫山）や「念場ヶ原山」へ入作した。

　　慶長から寛文時において入作の割合は急激に増大した。この中で、近接する信州と甲州の村（州・国の境界）の交換取引も行われている（（注3）参照）。

・慶長時には樫山集落（郷）に近接する小倉集落の入作があり混沌がみられ（樫山から小倉への入作は未調査である）、また、樫山集落（郷）と近接する浅川集落との相互入作が見られる。慶長時以降から寛文時に樫山村と平沢村の境界が、また浅川村の成立と浅川・樫山両村の境界が成立・確定したと推定される。寛文時になると入作時の「村」が明記されている。

・「念場樫山」の内の樫山集落・「村」と浅川集落・「村」の境界について見ると、字（耕地）の共存・近接、入り組んでいることなど複雑・混沌が見られる。この状態は、「村」成立・確定の過渡を示すものと云える。

C　近世の樫山村・浅川村

第四章　「寺社関係」「特別名請人」から見える歴史

　検地帳には1筆ごとの耕地面積・耕作名請人名が記されている。大多数の個人名請人名以外に寺社などの名請人（「寺社関係」とする）および、その他の名請人（「特別名請人」とする）も記されている。「寺社関係」（ここでは、山王、善(泉)福寺、大楽院、海岸寺、常蔵院・法成院・宝城院、正光寺、日光院、日光院、また、屋敷検地に在る地蔵、天神、六大天神、神明、観音、玉権現、若宮八幡、駒形明神、を差す）および「特別名請人」（ここでは、山王分何某、ひじり、おし、牢人、つかもの道永・道半・道円、を差す）について、取り上げ見て行く。

　本文中、字の次のNo. は初出順番号（A、B、第二章一節参照）を示す。

一節　樫山村と浅川村　慶長・寛文検地における「寺社関係」「特別名請人」

「寺社関係」および「特別名請人」は表で示す如くである（C－表15.）。

　また、屋敷検地に記されている寺社と領地は一覧表の如くである（C－表16.）。

　慶長時の樫山には善（泉）福寺と「山王」が見られ、寺と産土神の在る「一郷一寺」の集落・村を成立させていることが見られる。一方、慶長時の浅川村に屋敷数は9在るが、寺および産土神の存在は無く「一郷一寺」の記載は見られない。寛文時になると、寺社の増加と所領地が明記される。樫山村では善（泉）福寺、山王、地蔵、天神、六大天神、神明、観音、等が記され、浅川村では玉野権現、神明、若宮八幡、駒形明神、等が記される。

　次に「特別名請人」について見ると、樫山村の慶長時には「おし」「牢人」「つかもの・道永、他」が記され、中世の戦国社会・津金衆の歴史が窺える。また、寛文時には「大楽院」「ひじり」の出現と字・筆数（耕作地）多数により修験の活動が窺える。一方、浅川村の慶長には「寺社関係」「特別名請人」共に記載が無いが、寛文時になると、「常蔵院」が記され修験の出現が見られる。

　以下で、個々について見て行こう。

C－表15. 樫山村、浅川村　慶長・寛文時「寺社関係」「特別名請人」と筆数

樫山村	慶長	寛文	浅川村	慶長	寛文
山王分	5^{※1}				
善（泉）福寺	1	6			
大楽院		29			
ひじり		20			
おし	3				
牢人	2				
（つかもの）道永、道半、道円	15				
			常蔵院		9
			正光寺^{※2}		
			日光院		^{※3}
海岸寺（上津金村）	1		海岸寺（上津金村）	3	3

※1 「いつもかいと」山王分何某1筆、「宮の平」山王分何某1筆、「上ふか澤」山王分何某2筆、「西原」山王分何某1筆、合計5筆。

※2 正光寺は現在不明。浅川村の慶長「岩の上」No10. 39筆中に1筆が記されて在るが、浅川村に属する寺かどうか不明。

※3 「めうといし・めうと石」樫山村寛文、No133. 30筆中22筆入作〈長沢村21筆・浅川村日光院1筆〉樫山村8筆が記されて在る。また、「お玉石」No147. 11筆中2筆入作〈浅川村日光院1筆、浅川村角兵衛1筆〉樫山村9筆が記されて在る。以上から、浅川村に属する日光院が存在したと分かる。

C－表16. 樫山村、浅川村　慶長・寛文「検地屋敷帳」に記されてある「寺社関係」と所領

樫山村「寺社関係」	慶長	寛文
善（泉）福寺	一郷一寺　300坪	一郷一寺　黒印　屋敷300坪
山王領	※山王分 神右衛門二郎右衛門　1筆、 善左衛門　4筆（3箇所）あり	中畑　　　　2町24歩 下畑　　　　2町24歩 下々畑　　　　6畝歩 下々畑　　1反2畝歩 山畑　　　　　3畝歩
地蔵領	記載なし	屋敷　　　　　6畝歩
天神領	同上	下々田　　2畝20歩 下畑　　　　　20歩 屋敷　　　　　10歩
六大天神	同上	下田　　　3畝24歩
神明領	同上	山畑　　1反　27歩
観音領	同上	下畑　　　3畝9歩

浅川村「寺社関係」	慶長	寛文
玉権現領	※西の「深沢」に玉野権現領、源丞　1筆あり	下々畑　　　　3畝歩 下々田　　1反2畝26歩
神明領	記載なし	下々田　　1反　　8歩
若宮八幡領	※東（居住地）に字「若宮」22筆あり	下々田　　8畝11歩
駒形明神領	記載なし	山畑　　　8畝26歩

二節　樫山村の「寺社関係」「特別名請人」および考察

「寺社関係」「特別名請人」について順に見て行こう（C−表15．参照）。以下の字については、字（初出No.）名請人　筆数の順に記す。

1．山王——樫山村の山王権現（氏神）は「何某」一族から始まった

　樫山村の慶長時には「山王分何某」が5筆登場する。5筆は以下の如くである。字（初出順No.）、名請け人、筆数の順に記す。
- ・いつもかいと　　（No8.）　山王分善左衛門　　　　　　　1筆
- ・宮の平　　　　　（No9.）　山王分神右衛門二郎右衛門　1筆
- ・上ふか澤　　　　（No24.）　山王分善左衛門　　　　　　2筆
- ・西原　　　　　　（No30.）　山王分善左衛門　　　　　　1筆

「いつもかいと」「宮の平」は、現在の「山王権現・日吉神社・氏神さん」辺りの位置に在る。「上ふか澤」は、大門川沿いの凡そ上流域・大滝の下に位置する。「西原」は、「宮の平」の西に位置し「丸山」あるいは「観音堂」の辺りであろう。「山王分何某」の「山王」は現在の山王権現（日吉神社・氏神）[注5]の前身と見える。「上ふか澤」（山王分善左衛門）の字地は、「山王筒粥神事」に用いる葦の採取場所である（大柴　2017：130）。これら「山王分善左衛門」「山王分神右衛門二郎右衛門」（神右衛門と二郎右衛門は屋敷検地帳には両名が記されてある、神右衛門二郎右衛門は一人か両人か不明）は山王と密接であり、名請人は共に屋敷持ちである（A　第二章一節3．参照）。寛文時には「山王権現」は樫山村の産土神である。このことは、「山王権現」（現在の日吉神社・氏神）は、慶長時「山王分何某」と記された「何某」一族の氏神から始まったと云える。つまり、慶長・寛文当時の樫山村は、「山王分何某」一族が中心の集落であったと云えるだろう。

2．善福寺の歴史と変遷——観音、地蔵信仰

　樫山村の慶長時屋敷検地帳には「一郷一寺　善福寺」がある。善福寺は善の他に千・泉・仙などが当てられている。慶長、寛文時における善福寺の字・筆数は以下の如くである。
　慶長時の善福寺は、ひかげ田（No22.）1筆のみであるが、寛文時西はふねガ沢（No69.）2筆、ふねがくぼ（No70.）1筆、地蔵堂（No82.）1筆、道上（No141.）1筆、丸山（No158.）清右衛門分泉福寺1筆、以上合計6筆がある。以上の字の「道上」1筆以外は全て東地区に在る。慶長時の「ひかげ田」と寛文時のそれら字は全て舟ガ川の中・上流域

に在り、東に所領地を持っていたことが分る。寛文時は西（道上）にも1筆字地を広げる。
　ここで、善福寺の歴史を年代順に見ておこう。
（1）現時点で善福寺が登場する最初は、慶長7年（1602）『御水帳』の「一郷一寺　墨
　　付　屋敷300坪」である。慶長時は小倉寄り・舟ガ川上・中流域に善福寺を中心とし
　　た樫山（郷・集落）が存在した（A　第三章も参照）。
（2）天岳山千福寺の由緒書に（旧幕時代の寺院由緒書　御黒印写　慶長八年癸卯三月朔日
　　（1603）とある）、寺領の他に客殿、庫裏、土蔵、薪部屋の他に愛宕地蔵堂、観音堂が
　　あり（『甲斐国社記・寺記』1967：433）、慶長時、愛宕地蔵、観音信仰が存在したこと
　　が見られる。慶長時から寛文時に地蔵、観音信仰の存続が分る（C－表16. も参照）。
（3）次に、「甲州巨摩郡逸見筋樫山村諸色明細帳　享保九年辰五月（1724）」（『高根町誌』
　　1990：550-552　部分抜粋）の中に次が記されて在る。

「一、屋敷三百坪　上津金村海岸寺末寺禅宗天岳山泉福寺是は先年より黒印地に御座候
　一、除地屋敷6畝歩　地蔵堂
　一、除地一反8畝5歩　逸見筋大八田村山王宮神主土佐守
　一、除地屋敷3畝9歩　観音堂
　一、山伏　当山　玄達院　大楽院　藤本坊　」

　ここから、（愛宕）地蔵、観音は、慶長時（1602）から享保9年時（1724）に於いて
も存続し、120年余に渡る樫山村住民の信仰が見える。また、ここで慶長以降、新た
に見られるのは山伏、玄達院・大楽院・藤本坊がある。
（5）善福寺は、慶長時から寛文時の間に舟窪に移転したことが推定された（A　第三章二
　　節）。その後、舟窪にあった泉福寺は明治5年（1868）に廃寺となった。その時、寺に
　　在った後安観世音菩薩は（上手の）「お堂」へ移され、廃寺跡は学校・役場として使用
　　されていた（大柴　2010：79-83）。その後、大正の初めに學校が火事になり、その地
　　は昭和20年代頃には住宅が建っていたが、後に更地になり平成の現在は草木が茂っ
　　た荒れ地になっている。傍らの草むらに埋もれて古の寺の名残の石塔が在る（ibid：
　　69）。以上から、「黒印三百坪　泉福寺」「観音堂」は慶長7年（1602）には存在し（慶
　　長8年（1603）にも観音堂が記されている）、以降、観音堂は昭和20年代まで祭りが行
　　われ機能していた。その後の昭和58年に観音堂（お堂）は「上手集会所」となって建
　　替えられ（大柴　2010：79-83）観音堂は消えた。なお、「観音」以外の（愛宕）地蔵、
　　山伏、玄達院・大楽院・藤本坊については、既に忘却されている。
　　樫山村での観音信仰は少なくとも慶長時「一郷一寺　泉福寺」の時代より、昭和20
年代までの400年間、観音堂を中心に存続し機能して来たと云える。

３．大楽院――大楽院は修験院、修験不動寺は後に観音堂となる

「大楽院」の名は慶長時には無く、寛文時に初めて登場し 29 筆ある。大楽院の字・筆数の内訳は、小倉堺（No1.）１筆、小倉沢（No2.）１筆、はんの木（No7.）２筆、あふきのせ（No9.）茂平次分２筆、小尾口（No12.）１筆、馬のり石（No23.）茂平次分１筆、上の原（No29.）７筆、上の田（No36.）１筆、番屋（No37.）１筆、東沢（No42.）２筆、篠はちくぼ（No46.）１筆、□つか（No47.）１筆、ごうし沢（No49.）１筆、ふねガ沢（No69.）１筆、いつもかいと（No73.）１筆、池の窪（No148.）１筆、ひくさば（No149.）２筆、宮の脇（No157.）１筆、丸山（No158.）１筆、以上 29 筆である。以上の字の内、「池の窪」「ひくさば」合わせて３筆は西、他の 26 筆は総て東に在る。これら東の全ての字地が「小倉」から舟ガ川の上中流域にある。大楽院は樫山村の東・舟ガ川上流域を中心に耕地を持ち、寛文時に多くの字地を持つことから（次の「ひじり」とともに）、寛文時になり活躍が盛んであったといえる。

　現在では「大楽院」を知る人がいない。大楽院が樫山村のどこに在ったのか、その所在・活動については不明確であるが、ただ、観音堂とミネンサカ（峰の坂）の南の辺りをデイラクデンと呼ぶ[注6]ことが残っている。

　大楽院の歴史を、現存する文書から年時順に辿って見る。

（１）寛文６年（1666）『御水帳』の中の「大楽院」が、現在確認している最初である。

（２）享保９年辰五月（1724）「甲州巨摩郡逸見筋樫山村諸色明細帳」（『高根町誌』1990：550-552 参照）の中に、「一、山伏　当山　玄達院、大楽院、藤本坊」が記されている。

（３）『国志』（1804～1829 頃版行）の「当山修験祇園寺触下七十箇寺　修験・大楽院」が在る。

　山伏・修験に関する文書を次に見る。

（１）『甲斐国社記寺記』（山梨県立図書館　1969：783　※慶応４年に書いて提出）には「当山修験宗　不動寺」（不動寺は勢州　世儀寺末である）[注7]がある。以下、部分引用して記す。

「赤松孫太郎御支配　巨摩郡樫山村　当山修験宗　不動寺

　一、御年貢地　反別二畝九歩　但東西七間半　南北十間

　一、本尊　不動尊　木像壱体

　一、護摩堂　但梁間二間半　行間三間

　一、院室　　但梁間四間半　行間七間

　一、牛頭天王　小宮　坪八軒　壱ヶ所

　一、金毘羅大権現　小宮　数四坪　壱ヶ所

　一、八ヶ嶽大権現　但坪数弐十坪　壱ヶ所浅川村支配

　一、開基開山歴代䦰相分不中候事

　一、墓所　但表口三間　奥行弐間半

一、境内竹林樹木等無御座候事

右者今般御改被仰付前書之通奉書上候以上（下線は筆者による）※

右

不動寺　印

　　　　　　　　寺社御役所」

　　※この行に「年月日」の記載が落ちているが、下線から「慶応四年辰年七月　日」に書か
　　れていたものであろう。

（２）次に、『若尾資料』（1916）に以下が在る（信仰 42. 全文引用、下線は筆者）

「浅川山宝城院※（清水清海）浅川区にアリ妙湛山不動寺注7）（清水清達）樫山区ニアリ共
　ニ修験清達ノ息龍達若神子村二日市場ニ移住、モト念場ニコジマシンキョウ坊ト云修験
　アリシト今ニ知ル人アリ。海岸寺一部妙法講アリ新経天理教ナシ」

　　　　　　　　　　　　　　　　　　　（※宝城院については後述）

と記されている。

「妙湛山不動寺」については現在、全く忘却されていて不明である。妙湛山不動寺の在っ
た場所について「高根町誌」は「不動寺（修験当山派）樫山上手にあり、現在は農協倉庫
広場となり仏像は公民館に祀ってある。」（高根町　下巻 1989：697）と記しているが、農
協倉庫広場は観音堂西側の地続きの場所に在り（農協倉庫は昭和 20 年代に建てられた）"農
協倉庫広場に不動寺が在った"という伝承・痕跡は無い。

　仏像が祀ってあるという公民館の前身は「観音堂」であった（昭和 50 年代以降に観音堂
跡に上手の公民館（集会所）が建つ）。「観音堂」の西側には石塔群が現在も並び、古い堀井
戸が昭和 20 年代まで使われていた（C―写真 6.㊁）。「観音堂」の北東側は樫山区の共
同墓地ができるまでは大柴氏の墓所であり桑畑があった。また、「観音堂」の石段を下っ
た右手（左には道祖神がある）に修験に関わる高さ 2 メートルほどの石塔が建っていた（C
―写真 6. ※平成 29 年現在石塔が消えて所在不明）。従って「観音堂」と呼ばれる前（泉福
寺廃寺にあたり「御安観世音菩薩」を移したとされる明治 5 年以前）は、「修験宗・妙湛山不
動寺」として存在していたと推察される。

　大楽院および妙湛山不動寺については、以下の如く推察される。

　慶長から寛文時の居村の移動（B　第三章参照）に伴い修験院も西側へ移動した。寛文
時以降の妙湛山不動寺は現在の集会所（観音堂）の所に在り、その辺りを中心にしたミネ
ンサカ（峰の坂）辺りに修験院（玄達院、大楽院、藤本坊）が在ったのではないか。現在に
おいて、その辺りを「デイラクデン」（大楽院）と呼ぶのはその名残りと云えるだろう。

　明治 5 年以降は、廃仏毀釈政策注8）の流れのなかで千福寺や不動寺および修験院（大楽
院、不動寺）、および携わる人々も姿を消す。その際に、廃寺の千福寺に在った「後安観
世音菩薩」は「不動寺」へ移され「不動寺」は「観音堂」（「お堂」とも）と呼ばれるよう
になった（継続あるいは建替したか、いずれにしても同所）。そして、「不動寺」に在った牛
頭天王、金毘羅大権現、八ヶ嶽大権現はそれぞれ他の場所へ移された。現在牛頭天王は

忘却され不明だが、金毘羅大権現は集落北側の尾根に祀られ（現在は毎年"金毘羅さんの花火"の祭りを行い存続している）、八ヶ嶽大権現は（明和元年中８月日の銘在り）「風切り」の北に移し祀られ存続している。

４．「ひじり」──寛文に登場する大楽院とひじり

「ひじり」は、大楽院と同じく寛文時より登場する。「ひじり」とは大辞林に因ると、「①高徳の僧。高僧。また、一般に僧の敬称。②寺院に属さず、遁世して修行に励む仏教者。また、特に妻帯していない修行者。③高野聖・遊行聖・勧進聖など、布教や勧進を行うため、各地を遍歴する僧。多くは下級の僧で、民衆の信仰と結びついていた」とある。

　樫山村の寛文時に初めて、「ひじり」20筆と「大楽院」29筆が登場する（共に筆数が多い）。樫山村寛文にある「ひじり」20筆の内訳は、ゆふゆふ（No26.）１筆、上の原（No29.）１筆、ふなくぼ（No33.）１筆、ひかげ田（No38.）２筆、東沢（No42.）２筆、.篠のはちくぼ（No46.）１筆、ごうし沢（No49.）３筆、西のくぼ（No63.）１筆、三祢のさか（No74.）３筆、三祢のさか神前（No75.）１筆、おねきわ（No95.）３筆、松葉のそり（No139.）１筆。以上の字地は、西の「松葉のそり」１筆以外は全て東に在る。

「大楽院」29筆は施設に付与された字地（耕地）であり、「ひじり」20筆は大楽院に属する修験者・僧に付与された字地（耕地）と考えられる。大楽院（修験院）に関わる修験僧が「ひじり」であり、多数の「ひじり」が活動していたと推察される。「大楽院」「ひじり」とも、耕作地は東の舟ガ川の上・中流域に多く在ることから、寛文時における修験の施設と修験者・僧の生活拠点は東に在ったことが見られる。

５．「おし」

　樫山村慶長『御水帳』に「おし」４筆が在り、寛文時には無い。慶長時４筆の内訳は、とちの木沢（No4.）１筆（神六）、あまくぼ（No14.）２筆（甚六１筆、神六１筆）、ひかげ田（No22.）１筆（名無）、であり、字地はともに東の舟ガ川流域に在る。

「おし」について、大辞林によると①祈祷の事に従う、身分の低い神職・社僧、とある。
「おし」は、ひじりと同じく神職・社僧など信仰に関わる職種の者と云える。
「おし」の記載は、寛文時には姿を消すので「おし」の後に「ひじり」が変わって活動したと思われる。
「ひじり」や「おし」の活動内容については分かっていないが、住民の災難避け・病気直しなどの不幸や苦痛の救済に関わる役割を果たし機能していたと思われる。
（※ 2010年２月時、長坂郷土資料館にて、樫山村の「呪い・厄除け・祈祷」に関係する文書の紙片（年代不詳）を確認している。これらは別稿で検討する。）

6.「牢人」

　慶長の樫山村には、「牢人　新助」「牢人　新五郎」と2名の「牢人」が記されてある。その内訳は、とちの木沢（No4.）1筆、□□□（No20.）1筆の合計2筆であり、共に、東の舟ガ川流域の居住区字地である。寛文時の検地帳には「牢人」は無い。
「牢人」の意味は、①牢に入れられた者、②本籍地を離れて他国を流浪する浮浪人、③中世から近世、主家を去り封録を失った武士・牢人、「牢人」は「浪人」とも記される（『大辞林』）。ここでの「牢人」は封録を失った武士・牢人の類で浪人（流れ者）であり、樫山村に流れ着いて居住を許され僅かの耕地を与えられて、その代わりに村の守番を仰せ付かって暮らしていた者だったのではないか。
　中世・戦国農民社会では、戦いの犠牲に備えて多彩な補償や報奨のシステムを作り上げていて、イザという時の身代わりに備え、村の「犠牲の子羊」を、普段から村で養っていた様子がみられるという研究がある（藤木久志　1997『戦国の村を行く』朝日選書）。その多くは、字名もなく、ふだんは村の集まりにも入れない、乞食などの身分の低い人々や、牢人と呼ばれた流れ者たちであったらしいということを、幾つかの文書資料の事例から示している（ibid：72-74）。
　樫山村の慶長『御水帳』（1602年）に記されている牢人2人の耕作地は、「牢人新助1筆　下畑3畝6歩、牢人新五郎1筆　下々田二畝十歩」と耕作地は僅かである。「牢人」は、中世戦国時代と関連する者であろう。中世の主要な街道であり戦場ともなった樫山村を見た時、中世の樫山村では雑兵・残党や「牢人」が暮らした社会でもあったと考えられる。
　因みに、近代のことだが樫山村の火の見櫓の下には「番小屋」があり、昭和20年代初めまで廃屋が残っていた。昔、番小屋に寝泊まりしていた番人は流れ者で雇者と聞いていた。古から続いた歴史の名残と推察される。

7.「つかもの」道永・道半・道円

　慶長検地帳には「つかもの」道永・道半・道円が在るが、寛文時には無い。樫山村慶長に在る「つかもの」道永・道半・道円17筆の内訳は、ふねの沢（No3.）2筆（道半1、道円1）、いつもかいと（No8.）道永1筆、志やくし（No15.）つかもの道永1、かわこいし（No17.）道半2筆、うへの田（No18.）道永1筆、東澤（No19.）道永2筆・道半1筆、ひかげ田（No22.）道永2筆、西原（No30.）道永1筆、なか澤の上（No37.）道永2筆、ひ草は（No38.）道半1筆、いけのくぼ（No39.）道半1筆、以上。多い名順では道永10筆、道半6筆、道円1筆となる。
「つかもの　道永」から道永・道半・道円は武士の一族と判断され、津金一族であることが次の文書で分る。『甲斐国志』（士庶部第十一　333頁）に、津金衆祖「美濃守胤時ノ嫡男（小尾系図ニハ二男）日向大和守ノ婿ナリ軍艦伝解ニ原隼人ノ内覚ノ者トアル内ニ津金

美濃・同子修理ト見えエタリ…（以下略）」とあり、また"天正元年伯母玉林院菩提ノ為
穴平村見明寺ヲ創ス……"、また"大阪冬陣ニハ尾州ノ家中津金修理、夏の陣ニハ息三郎
左衛門其ノ組ヲ召連レ来ル…（略）慶長十四年尾州ニ移封セラル時地士従ヒテ彼レニ移ル
者多シ修理亦同之……」と記され、文書『津金先祖之覚』（年不詳）[注9]の中に修理の子孫
で惣領の拾左衛門について「拾左衛門ハ樫山村七左衛門ぢひ後ニ道永と申す」また「二男
与左衛門ハ半左衛門親後に道光と申す」など記されている。樫山村慶長『御水帳』にある
道永と「道何某」は樫山村の津金一族であることが分る。慶長時の「つかもの」は中世武
田氏の戦乱の時代の名残が窺えるもので、寛文時徳川の時代になると消える。

「つかもの」道永・道半・道円の字地は、主に東の居村区を中心に在り（ふねの沢、いつ
もかいと、志やくし、かわこいし、うへの田、ひかげ田など）、そして、西にも在る（なか澤
の上、ひ草は、いけのくぼ）。樫山村において津金一族については「名主」「関屋橋の番所」
など伝承がある（大柴　2010：139, 141）。家は東原（クボムラ・久保村）の南端になる
が、慶長時の字から見ると当時は東の居村区に生活拠点が在ったと推測される。因みに、
東村（現在の東原・クボムラ・久保村）は慶長（1602年）以降から寛文時（1666年）の間
に居村が誕生している（**A**　第三章二節参照）。また、泉福持もこの間に東原・クボムラへ
移動したことが想定された（**A**　第三章二節）。

8．海岸寺——樫山村は慶長時1筆、浅川村は慶長・寛文時合わせて6筆あり

海岸寺は浅川村の南に隣接する上津金村に属する寺である。海岸寺の起源は、7世紀行
基菩薩が庵を構えたことに始まるとされ、現在では京都妙心寺派に属し全山百町歩以上を
所領する古刹である。

海岸寺の樫山村、浅川村入作の字・筆数を見ると、樫山村慶長には、「とちの木沢」
（No4.）1筆のみ、寛文時には無。浅川村慶長には「岩の上」（No10.）1筆、「家の前」
（No13.）1筆、「はんの木澤」（No18.）1筆の合計3筆あり、寛文時には「まゆみ畑」
1筆、「松はそり」2筆の合計3筆がある。

平成の現在では、樫山村や浅川村に海岸寺の領有地は無い。中世に遡り、海岸寺所領の
実態を含めた寺と村落社会の歴史について現在は未知である。

9．樫山村「寺社関係」と所領地および変遷

寛文屋敷検地にある寺社関係と所領の記載は山王、地蔵、天神、六大天神、神明、観音
がある（**C−表16.**参照）。善福寺と「山王」以外は、慶長時には無く、慶長から寛文時
の間に誕生・建立されたことが分る。

山王：慶長時社領の存在は記されて無いが、寛文時には山王領が記されている[注5]。山
王の所領は畑合わせて1反8畝と山畑3畝があり、寺社所領の内では最も多い。

　地蔵：（愛宕地蔵か　前述参照）屋敷6畝歩。地蔵堂の存在も考えられる。

　天神：下々田2畝20歩。昭和20〜30年代までは子供たちに因る天神講があり毎年「お天神講」が行われた（大柴　2017：42-44）。寛文時、現在知られているような天神講が存在したかどうかは不明。

　六大天神：下田3畝24歩。現在の処不明。伝承文書資料もない

　神明：山畑1反27歩。樫山村において大柴氏の「イウェエジン・祝神」は神明宮である。寛文時の浅川村にも「神明」が登場するが浅川村との関係は不明。現在、浅川村に神明は無い。樫山村の神明は、その後一族の分裂（伝承）によりオヒマチ（同姓が一堂に会しイウェエジンを祭り供宴する）は忘れ去られている（大柴　2017：49参照）。

　観音：下畑3畝9歩。寛文検地には屋敷が記されていないが、「甲州巨摩郡逸見筋樫山村諸色明細帳　享保九年辰五月（1724）」（1990：550-552　部分抜粋）の中に「屋敷3畝9歩　観音堂」（地蔵堂の屋敷6畝歩もあり）が記されていることから、地蔵堂と同じく「観音堂」が在り、お堂を中心にした信仰活動が存在したと推察される。この時期の「地蔵堂」所領は「観音堂」より大であり、地蔵信仰がより盛大であったか。

三節　浅川村の「寺社関係」「特別名請人」および考察

　浅川村の慶長検地帳に海岸寺以外の記載は無い。寛文時になると常蔵院、正光寺（不明）、日光院が記され、また「玉権現」「神明」「若宮八幡」「駒形明神」が各「領地」と共に記されている。以下、順に見よう（C－表15．C－表16．参照）。

1．海岸寺

　樫山村（前頁）参照

2．常蔵院（法成院、宝城院）

　浅川村寛文時に、常蔵院9筆が在る。その内訳は、西久保（No42.）2筆と三つかね沢（No59.）大わ座（No61.）小深沢（No64.）はんの木（No71.）坂下（No83.）に各一筆ずつ、大久保（No86.）2筆、合わせて9筆ある。

　常蔵院（ここでは法成院、宝城院は同一修験として記す）が登場する文書を年代順に見よう。

（1）浅川村寛文検地帳（1666年）に常蔵院が登場する。

（2）『国志』（巻之九十一　仏寺附録修験ノ部）の中で「本当山修験祇園寺触下七十箇寺」の
　　　内に「法成院　浅川村」がある（常蔵院と同じかどうかは不明）。

（3）『甲斐国社記寺記』(山梨県立図書館　1969：816-817）には「（修験当山派）当山修験
　　　宗　宝城院」がある（常蔵院と同じかどうかは不明）、以下、記載内容を引用する。

「赤松孫太郎御支配　巨摩郡浅川村

　当山修験宗　宝城院

一、御年貢地　反別二畝九歩　但東西七間半　南北拾間

一、本尊　不動尊　木像壱体

一、護摩堂　但梁間二間半　行間三間

一、院室　　但梁間三間半　行間七間

　境内

一、大六天　小宮　壱ヶ所

一、墓所　但表口弐間半　奥行弐間

一、開基開山歴代䆠相分不申候事

一、境内田畑竹木一切無御座候事

　右者今般御改被仰付前書之通奉書上候以上

　慶応四年辰年七月　　日

　　右

　　宝城院　印

　　寺社御役所　　」

（４）『若尾資料』（1916）（信仰 42．全文引用は前述 6．大楽院参照）に、「浅川山宝城院
　　（清水清海）浅川区ニアリ　妙湛山不動寺（清水清達）樫山区ニアリ（以下省略）」。

（５）『高根町誌』に、「宝城院＝法成院（修験当山派）浅川集落南部に在り、現在は清水
　　仁志氏の分かれの家の畑である。」（高根町　下巻 1989：697）とある。

　以上、寛文時の常蔵院と宝城院・法成院、これらが同一なのか現在のところ不明であ
る。なお、また、宝城院・法成院、そして寛文時の常蔵院の所在地について（５）につい
て調査した結果（平成 30 年 4 月 1 日浅川の清水氏談）、「清水仁志氏宅の裏にボロ屋があっ
て、そこに念仏をする人が住んでいたが伊勢の方へ行き寺の住職になったという。現在
90 歳になる浅川の人から（大正生まれ）幼少期に親に連れられてボロ屋へ行ったという話
を聞いた」と云う。一方、浅川集落北部（樫山寄り）集落入り口の西側に石碑群が並んで
いる場所が在り、そこには「昔寺が在った」と云われる。石碑の中には五輪塔、岩船型の
石碑、墓標石碑の他に判読不可の石碑などが在る。この場所が、修験宗　宝城院の場所で
あったと思われるが、現在の処、これ以上の知見が得られない。

３．正光寺

　慶長『逸見筋樫山の内浅川村御水帳』の「岩の上」No10. に 1 筆、正光寺が記されて
いる。寛文時には無い。現在、聞取り調査では正光寺の所在、その他不明である。一つだ
け、昔「浅川村の藤原氏宅に属し法印がいた寺が在ったという伝承を聞いたが、それを正
光寺と云ったかどうか」（海岸寺住職談）、という情報もあるが現時点では不明。

４．日光院

寛文検地帳に在る浅川村日光院の所在、その他全く不明である。浅川村の字地の中に日光院の名請けは無いが、樫山村の字地「めうといし・めうと石」（No133．30筆）の中に浅川村日光院１筆、長沢村21筆の入作がある。また、樫山村の字地「お玉石」（No147．11筆）中に浅川村日光院１筆、浅川村角兵衛１筆の入作がある。これは、樫山村の字「めうといし・めうと石」「お玉石」の中に浅川村「日光院」が入作している。日光院は浅川村に所属・存在していたと分るが、浅川村に耕地がなく樫山村に入作のみ見られる。浅川・樫山両村の混在も窺える。日光院は修験院であったと推察する。

５．浅川村「寺社関係」と所領地および変遷

屋敷検地にある寺社関係と所領（C－表16．参照）では、玉権現、神明、若宮八幡、駒形明神がある。共に慶長時（1602年）から寛文時（1666年）の間に誕生・建立されたことが分る。

玉権現：慶長時字「深沢」の地に在った「玉権現領」が、浅川村産土神になったことが見られた（B　第三章二節）。所領は畑３畝歩、田１反２畝26歩（田畑共に下々）で寺社所領の内では最も大である。

神明：樫山村において神明宮があるが、浅川村の神明との関係は不明（前述）。所領は田（下々）１反８歩と大きい。

若宮八幡：慶長時の東（居村地）に字「若宮」22筆が見られ慶長時に若宮八幡を祀る住民の存在が想定されるが不明である。寛文時には「若宮」の字地は消えるが「若宮八幡領」下々田８畝11歩と記されて在る。

駒形明神：『国志』（1814：神社部　93-94頁）の「玉ノ権現」の項に「○駒形明神　諏訪ノ神ヲ祀ル古へ牧場ノ守護神ナリト云フ大八田村神主兼帯ス下同ジ」とあるが、後に記された『社記・寺記』（1967：614-615）では浅川村に駒形明神は無い。だが、「駒形明神」が「樫山村」「日吉神社」の項に登場している。樫山村に登場した「駒形明神」（初出）は、
　　　「駒形大明神　祭所　建御名方命
　　　　一、相伝延喜式所載柏前牧の脇ニ御座候樫山村古名柏間村の由此辺野馬平南牧北
　　　　　　牧札掛など地名御座候」
と記されている[注10]。樫山村では現在「駒形明神」の存在がないが、「御牧」伝承と共に「柏崎神社」が樫山村における浅川姓の先祖神として祀られている。

このような浅川村と樫山村の混沌は、「駒形明神」の他「玉野権現」にも見られた（第二章参照）。このような混沌は、両村の成立過程に関連すると推察される。

おわりに

　第一章では、慶長、寛文時の著しい石高増加と住民離散・移動について、次のような結果と考察を得た。住民離散・移動伝承は古代、中世、近世にわたる伝説がある。離散・移動伝承には、きまって浅川が登場することから離散・移動の主は浅川に関わると見られる（"浅川"と記されるとき、浅川村・浅川住民と浅川姓は同一かどうか不明）。離散・移動は二度在ったと想定される。一度は、中世の念場が戦場となったとき（第一次離散・移動とする―筆者）、その際の一部の民が浅川集落・郷を形成した。浅川集落・郷の発祥地は西の「深沢」辺り（「玉野権現」当初の地）と推察される。二度目の離散・移動は、慶長から寛文時の間における大門川下流域の氾濫・洪水のとき（第二次離散・移動とする―筆者）、それにより浅川集落・郷は、近隣（現浅川村　樫山村　長沢村）へ離散・流入していった。そして、新地の開拓・増大に邁進した（浅川村流入の民は主に西の遠隔地と深沢川流域へ、樫山村流入の民は主に最寄りの深沢川流域へ、長沢村流入の民は主に最寄りの川俣川流域の念場へ、それぞれ入会地へ進出した）。その結果が、慶長から寛文時検地帳において長沢、そして浅川、樫山の著しい石高増加（耕地拡大）を齎したと推察する。
　第二章では、「玉野権現」浅川村産土神誕生および集落・村を見て行く中で樫山村と浅川村の混在・混沌が見えた。「玉野権現」の当初は、慶長時の字「深沢」に「玉野権現領」の記載が見られ、それが寛文時に浅川村の産土神になったことが見られた。浅川村「玉野権現」発祥と云われている字「お玉石」の当初は樫山村に属し浅川村の領地はない（一節）、「五郎屋敷は玉川神社造成による」という伝承は時代がずれること（二節）、度々の「お玉石」移動（三節）、「樫山の内浅川村」の表記（四節）などから、両村の混在・混沌と両村成立過程への疑問点が見えてきた。
　第三章では、慶長、寛文時の入作の実態をみた。慶長から寛文時における念場樫山への長沢村、平沢村（信州）の入作は目覚ましい。入会地へは、樫山村、浅川村住民自身も競って開拓し増大させたことが筆数増加により見られた。特に、浅川村居村区の東から西（念場）の開拓・進出は目覚しく、西の位置（C−絵図1．2．3．）は、東（居住区）から最も遠隔地で信州との国境に延びる細長い領地である。この（不自然と見える）領地が浅川村と成った歴史的経過については、現在確かな資料が得られていないが浅川村と樫山村の成立過程に関わると推察される。それは、想定された慶長から寛文時の人口流入・移動（第一章）にも関わると推察する。
　また、慶長時には樫山村居村への小倉村（信州）の者の入作と錯綜もある。これは「村」成立以前の集落の状態を示す。
　第四章では「寺社関係名請人」と「特別名請人」の記載から近世の村社会を模索した。

　慶長時（1602年）には、樫山村「一郷一寺」と在るが、浅川村「一郷一寺」は未成立である。浅川村は慶長以降寛文時の間に産土神が建立し誕生する（B　第三章二節）。

　樫山村の修験院・僧の活動は慶長以降の寛文時に盛んであったことが見られた。慶長時期の浅川村に院や僧の活動を伺わせる記載が無いが、寛文時になり院が記される。修験については、古代・中世に遡る活動がみられ（例えば、水原　1993：62）[注7]改めて課題とする。

　第四章の中でもまた、樫山村・浅川村の混在・混沌が見られた。例えば、『社記寺記』によると樫山村不動寺の八ヶ岳権現に「壱ヶ所浅川村支配」が混在すること（二節3.）、寛文時、日光院の字地入作（三節4.）、『社記寺記』に見られる「駒形明神」の所属の混在・入れ替わり記載（三節5.）など。以上の混在・混沌は、浅川の離散・移動による結果の反映とも推察される。

　また、慶長時の樫山村「ひじり」「牢人」「おし」「つかもの」の存在から、中世戦国住民の一端が窺えた。中世の念場樫山は戦場の舞台ともなり、兵士たちの行方、街道住民の暮らしや旅人の往来も在ったであろう。離散・移動による集落住人との混在、混乱や葛藤も在ったであろう。このような中から、集落の境界と近世の「村」が成立していったことであろう。

　注
1)　樫山村、浅川村の慶長、寛文時「検地帳」には、A村における他村からの耕作（入作）は記されて在るが、他村の地を耕作する場合（出作）の記載は無い。「入作」「出作」の語は使われて無い。
2)　「入会」などの行為は上代から行われていたが、それが「入会・入相・入合」などの名称を得たのは室町時代で江戸期にいたって全国的に制度化された（大辞林、ブルタニカ百科事典）と云われる。
3)　甲州巨摩郡逸見筋の小池村の宝永2年（1705）、樫山村の享保9年（1724）、下黒沢村の享保9年（1724）、村山北割の享保15年（1730）、長沢村の延享3年（1746）、浅川村の延享3年（1746）、上黒沢村および堤村の宝暦2年（1752）、村山東割村の宝暦13年（1763）、村山西割村の文政7年（1824）、などに「逸見筋11カ村入会」「信州分入会」の記載がある（以上は『高根町誌』1990：550-572より）
　　例えば、「小池村明細帳」の宝永2年（1705）では、次のように記されている。
　　「…（略）…拾壱ヶ村入合　薪木取場　株取場　小池村　蔵原村　箕輪村　同新町　長沢村　堤村　村山北割村　同西割村　同東割村　浅川村　樫山村…（略）…右の外信州へ拾壱ヶ村より入会の場所
　　一、三つなぎ　から松立　なら木立　相の原
　　是は信州平沢村の者念場原へ作場に開発仕候に付引替にて先規より入会来り申候……」

4）「入会」制度は徳川幕府中期頃までには確立したと云われている。その後の念場原山「入会」地は明治14年・22年に「官・御料地」となり、明治44年には「御下賜・御賜」地、その後恩賜県有財産保護団体管理、等の経過を辿る。

5）「山王権現」については、「日吉神社祭礼は<u>大山祇命</u>を祀り陽成天皇の<u>元慶元年</u>近江の国日吉神社分霊なりと云ふ」という伝承が在る（大柴　2010：90-91）。その後の調査で、樫山村産土神「山王権現」は滋賀県大津市坂本5丁目1番1号にある「日吉大社」の分霊であることを確かめた。それは、日吉大社社務所保管文書の『日吉大社関係明細帳』（昭和5年11月調査—従来の古い記録を再調査し整理したものと云う）を拝見し確かめられた。それによると、

「山梨県北巨摩郡清里村樫山組字泉街道　村社　日吉神社

　一、祭神　大巳貴命　少彦名命

　一、由緒　陽成院元慶四年近江国日吉神社ヲ遷シ祀ル」

と記されて在る（2018年2月23日　日吉大社にて筆者調査）。なお、調査時、社務所宮司氏より大山咋命、元慶4年が正しく、伝承の<u>大山祇命、元慶元年</u>は誤りであることを指摘され確かめた（<u>下線筆者</u>）。

6）筆者は「デイラクデン」の語に違和感と疑問を持っていた。後に『国志』（巻之九十一　仏寺附録修験ノ部）の「本当山修験祇園寺触下七十箇寺」の内に「大楽院　樫山村」が記されているのに出会い、デイラクデンは「大楽院」であり修験院であると判断した。

7）不動寺については、『社記・寺記』（1964：44）に「勢州　世儀寺末　巨摩郡樫山村」とある。また、長沢村東出組「村差出明細帳」に「勢州　世儀寺末寺　当山派修験　真鏡寺　天保九年（1838）」が記されている。また、前述のA樫山村で「寛文時に新たに誕生し筆数の多い字"新きょう屋敷"が樫山村東地区からは遠い位置に在り、しかも入作がなく樫山村占有地で在ることは特異的に見える」と述べた（**A　第三章三節2.**）が、これは、樫山村不動寺と長沢村東出真鏡寺が共に世儀寺末寺・修験院であり、字「しんきょう屋敷」の存在が相互に関連していることに因るだろう。「真鏡寺系図」（水原　1993：62）によると開祖および念場居住（水原　1993：53-63参照）など、古に遡る真鏡寺と念場樫山の歴史が見られるが、次の課題とする。

8）廃仏毀釈は明治政府の神道国教化政策に因り、神仏習合を廃して神仏分離を推し進める一連の動きで、明治元年（1868）3月「神仏分離令」が出され、それにより仏堂・仏像・仏具・経巻の破壊が行われた。「○○権現」「牛頭天王」などといった神仏混交的な神号を一掃し、神号の変更を行うことも布達された（神祇官事務局達）。また、明治5（1872）年9月「修験道廃止令」（太政官第273号）が出され、以降、公には山伏はいなくなり真言・天台宗いずれかに属すか、神官になるか、帰農するかであった。

9）2010年2月25日、長坂郷土資料館を訪ねた際にダンボール箱に未整理の状態で積まれていた中に発見した文書である。中世武田氏と津金衆については、服部治則論文「近世初頭武士集団における親族関係—特に甲州津金衆における」（1974）も参照。

10）駒形明神は『国志』（1814）において「浅川村　玉ノ権現」の項に記載され「樫山村」には

無い。それが、『社記・寺記』（1868 提出）になると浅川村には消えて樫山村産土神の一つに記載され、なお、"樫山村・柏前牧起源"を暗示する記述になっている。

C－写真1　玉川神社──字「前田」に建立　写真は西面、右が神社正面になる
　　　　　　（平成 23 年 8 月 9 日撮影）

C－写真2　玉川神社 奥宮──大門川下流域 鐘山に在る
　　　　　　（平成 23 年 8 月 9 日撮影）

奥宮の鳥居　左方向に鐘山　　　　　　　　　鳥居から数十メートル登った鐘山山頂に建つ奥宮の祠

C－写真3　お玉石──念場字「氏神たいら」に在る
　　　　　　（平成 29 年 3 月 13 日撮影）

遠景　写真右方向「お玉沢」　　　　　　　　近景　お玉石

C－写真4　浅川村慶長検地帳（1602年）「玉野権現」（初出）

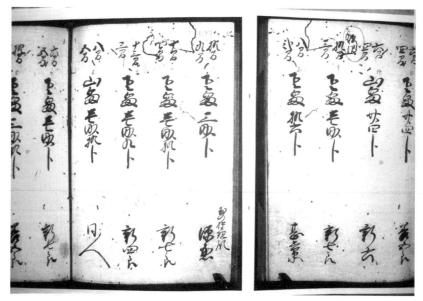

初出順No12. 深沢　37筆中の1筆に「玉ノ権現領」源丞とあり

C－写真5　慶長検地帳（1602年）「入作」の名請人に村の記載なし

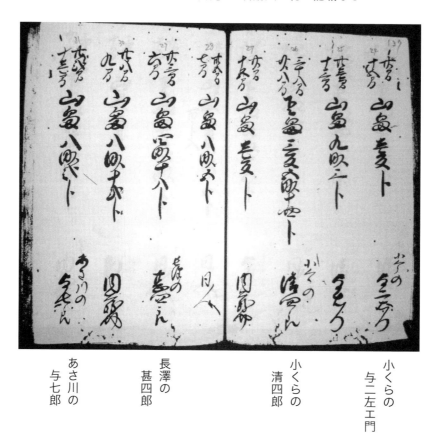

あさ川の
与七郎

長澤の
甚四郎

小くらの
清四郎

小くらの
与二左エ門

C－写真6　観音堂石段脇に在った修験の石碑および観音堂

(イ)、(ロ)、(ハ)、(ニ)：昭和48年12月撮影)

(イ) 石塔

この位置に石塔

(ロ) 石段下から観音堂を眺む

(ハ) 観音堂からデイラクデンを眺む

左コンクリートの建物は
昭和30年代に建てられたもの。

(ニ) 昭和48年当時の観音堂
　昭和20年代は石塔右下の位置に
　堀井戸があった。

登り石段左側に在った石塔 (イ) が
消えてなくなっている。

(ホ) 平成29年現在の観音堂（現在は上手集会所）と石段（平成29年3月26日撮影）

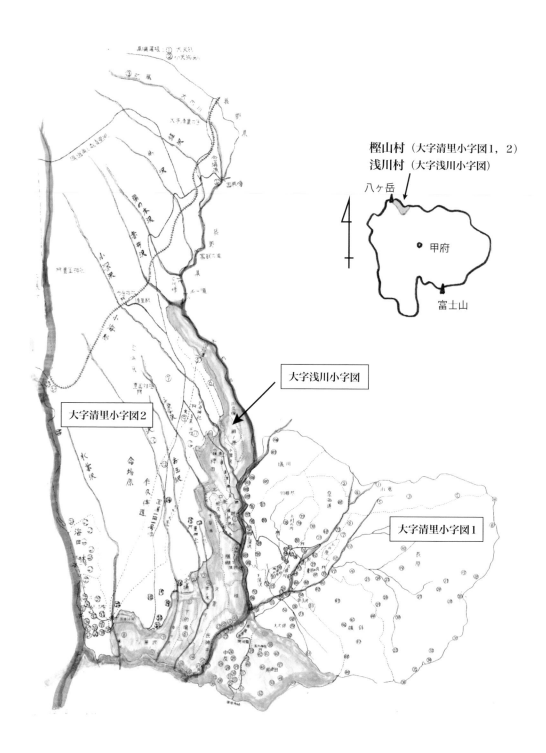

C－絵図1　樫山村と浅川村の位置
大字清里小字図1，2　大字浅川小字に基づく
（本文A、B参照。『高根町地名誌』より作成）

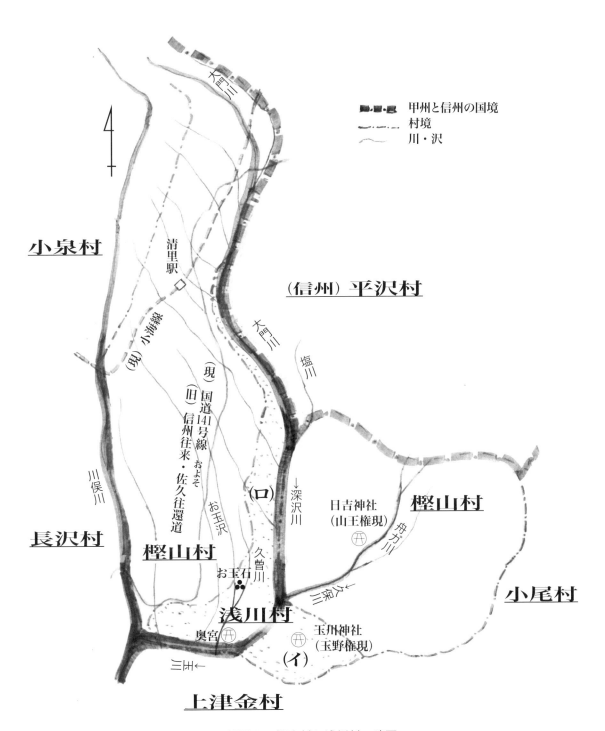

C－絵図2　樫山村と浅川村の略図

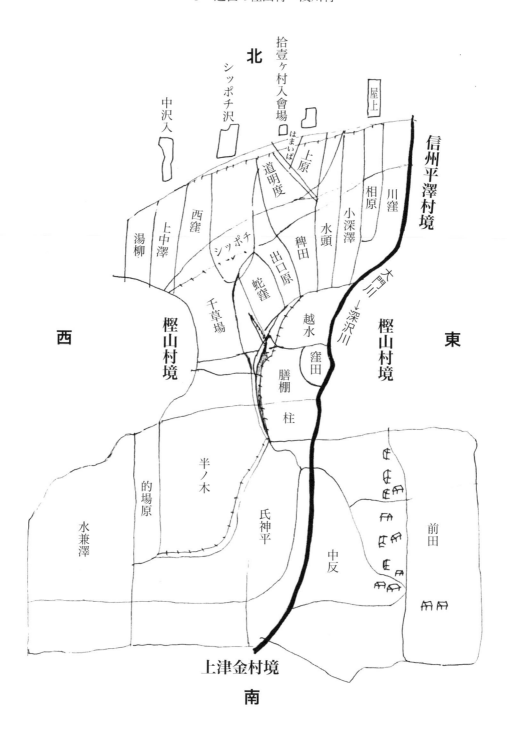

C－絵図3　「浅川村字名割付之絵図」
（明治初年の浅川村文書から）

D

（資料）『貞享三寅年　き里志たん穿鑿 [?]　樫山村』解読分析

はじめに

資料入手および「宗門帳」について

資料入手：『貞享三寅年　き里志たん穿鑿 ? 　樫山村』（1686年）は2011年5月18日、高根町清里朝日ヶ丘の高山隆夫氏宅にて筆者が撮影したもので（原本ではなくコピーした文書）、谷口彰男氏が持参していた資料の一部である。谷口氏（1932-2000）については『甲州・樫山村の歴史と民俗』（2017：270）を参照されたい。谷口氏が平成12年6月に他界されて以降、氏が収集した文書類・文献・書籍等は放置されていたとのこと、後に家族から同地に住む高山氏に"処分するので見に来てほしい"との連絡がきたとのこと。2011年4月29日、高山氏からの連絡で谷口氏宅を訪問（筆者同行）し、樫山村文書の「貞享三年き里志たん宗門帳」「慶長御水帳」「寛文御水帳」（以上は共にコピー）、「馬症千金宝」（年不詳、峡北堂小柳　昭和二十三年と記されて在り）、「大正13年耕地整理工事記念帳」（原本と写真）以上の5点を、高山氏宅へ移動させた（これら文書については、後日高山氏が長坂郷土資料館へ寄贈するとのこと）。それで、同年5月18日に、高山宅を訪問して撮影したものである。

「宗門帳」の概要と整理方法：「宗門帳」とは、江戸幕府がキリシタンの禁圧・摘発のために各家・各人ごとに宗旨を調べ、旦那寺に信者であることを証明させ、寛文11年（1671）に「宗門人別長」として定期的に調査を義務付けた制度を云う。後にキリスト教禁圧のための「宗門改」が行われ作成された台帳を「宗門改帳」と云ったことで、「宗門人別改」となり作成された台帳を「宗門人別改帳」と云った。「穿鑿（細かいところまで十分に調べること）と記されたことは、当初「切支丹穿鑿」となっていたものが「吉支丹穿鑿」、宝永6年（1709）には「宗門改帳」と変わってきている（正岡・見藤・嶋崎　2005：71-80）。宗門帳の制度は明治6年（1873）キリスト教の禁制が解除されるまで続いた。甲斐における宗門改めの制は『甲斐郷土史年表』によると「寛文2年2月上野村五人組長（太田文書）に初めて宗門改めを編成す」（赤松重樹　1951）とあることなどから、「寛文2年ころから宗門改めの制度が確定し、同5〜6年ころより「宗門改帳」が作成されるようになったとみられる（斉藤　1969：119）と云われている。樫山村の「宗門帳」は現在のところ、ここで取り上げる『貞享三寅年　き里志たん穿鑿 ? 　樫山村』（写真）が唯一である。

　Dの構成：表紙の次の最初の頁には「指上ケ申一札之事」からはじまり、きりしたん宗門の義について記されている。まず、表紙の写真（D−写真1）と読下文、本文最初頁の「指上ケ申一札之事」の写真（D−写真2）と読下文、本文最後頁の写真（D−写真3）と読下文を記しておく。次に、全体の解読分析結果を以下の順で一覧表にして記す。

1．戸[注1] および構成内容一覧
2．添家 ── 数、男女別年齢構成
3．人口 ── 全戸の男女別人口、年齢構成
4．縁付き ── 年齢、縁付先、養子移籍先
5．女房 ── 年齢、婚入元出身村
6．奉公、下人、下女 ── 男女別年齢、年季、奉公先

注
1）戸について
　ここでは、筆頭者を中心にした親子・兄弟・その他を含む一集団を各「戸」として記していくことにする。戸主（筆頭者）ごとにNoを付けて整理した。戸の中には親子、兄弟・姉妹、祖父母（以上、家族とする）、傍系家族、添家家族、その他が含まれている。

第一章　表紙、本文（初頁、最後頁）：写真および読み下し文

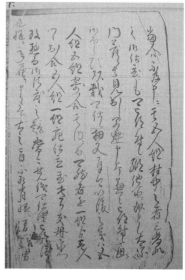

当人ハ不及申ニ其五人組村中之者迄如何様
之御仕置ニも可被仰付候縦他所ニ成とも右宗
門御座候者見出し早速申上ケ兼テ被仰付候通り
御ほうび頂戴可仕候扨又自今以後之義ハ五
人組五組寄合其内ニテ可然者を一組ヨリ壱人
づつ出合五人組一組宛立置きり支丹宗門
改総テ御法度之趣常ニせん儀可仕由被仰付渡
慥ニ承届ケ申上候ハ右之旨不相背様ニ僧俗男
女不残明細せんぎ仕一礼指上ケ申候如何如件

貞享三寅年三月

逸見筋上津金村禅宗海岸寺旦那〇

樫山村
　　名主
　　五兵衛　〇

　　　　　　　　　　　茂兵衛
　　　　　　　　　　　年五拾六

一茂兵衛義代々当村生之者ニテ御百姓仕罷在候

同宗同寺旦那〇

　　　　　　　　　　　女房
　　　　　　　　　　　年五拾

一同人女房義逸見筋夏秋村弥左衛門娘

『貞享三寅年　き里志たん穿鑿 ? 　樫山村』

← D－写真２　初頁　　　　　　　　D－写真１　表紙

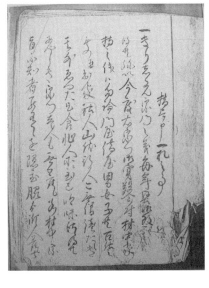

差上ケ申一札之事
一きり志たん宗門之義毎年堅御改候
得共弥以今度右宗門御穿鑿ニ付村中家
持之義ハ勿論門屋借家男女子供召仕之
もの並出家社人山伏行人ニ無僧鐘たたき
其外穢った乞食非人等ニ至迄吟味候得共
あやしき宗門志人も無御座候若村中宗
旨不知者罷在候を隠置脇より訴人御座候者

き里志たん穿鑿 ?

貞享三寅年

三月　　逸見筋樫山村

DD（資料）『貞享三寅年　き里志たん穿鑿　? 　樫山村』解読分析

D　（資料）『貞享三寅年　き里志たん穿鑿　?　樫山村』解読分析

D－写真3　最後の頁←

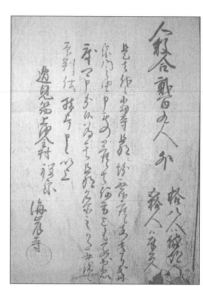

人数合貳百五人　外　　　　拾八人八縁付
　　　　　　　　　　　　　五拾人八奉公人

是者代々當寺旦那二紛無御座候若きり支丹
宗門之由申もの御座候者何方迠も罷出急
度可申分候為其旦那名前之有並二銘之
印判仕指上ヶ申候　　以上

　　　　　逸見筋上津金村　禅宗

　　　　　　　　　　　海岸寺㊞

一逸見筋上津金村海岸寺末寺　当村　禅宗

　　　　　　　　　　　　　　泉福寺
　　　　　　　　　　　住弥う職
　　　　　　　　　　　年六十

- 176 -

第二章　『貞享三寅年　き里志たん穿鑿 ? 　樫山村』解読分析

1．戸および構成一覧

注）戸No.1〜32は、整理上初出順の戸に付けた番号で筆者による。全32戸

戸No.名	添家外	性	年齢	氏名（続柄）	生地	職業、年季、奉公先	縁付先
1.　茂兵衛		男	56	茂兵衛	当村	百姓	
		女	50	女房	夏秋村（弥左衛門　娘）		
		男	33	長八郎（子）			
		女	22	長八郎　女房	箕輪村（十郎衛門　妹）		
		女	2	長八郎（子）親かかり			
		男	23	角助（子）親かかり			
		女	19	ふじ（子）親かかり			
		男	10	九郎助（子）親かかり			
	1−①	男	38	市三郎	当村	百姓	
		女	37	女房	当村（長次郎　妹）		
		女	12	たん（娘）親かかり			
		女	9	まん（子）親かかり			
		男	66	清左ヱ門（親）子にかかり			
		女	55	清左ヱ門　女房	当村（喜左衛門　娘）		
	1−②	女	50	（六左衛門　後家）	当村（新兵　妹）		
	1−③	※男	41	長次郎		年期奉公　2年　信州平沢村	
		女	32	女房	小尾村（長蔵　娘）		
		女	8	ひつ（長次郎子）親かかり			
	外	女	31	むす（茂兵衛　娘）			蔵原村　縁付
		女	41	まり（茂兵衛　妹）			江草村　縁付
		男	33	八兵衛（六左衛門　子）		奉公　?　甲府横沢村	
		男	29	権三郎（六左衛門　子）		年期奉公　3年　甲府三日町	
		女	24	長ま（六左衛門　子）		年季奉公　6年　信州平沢村	

戸No.名	添家外	性	年齢	氏名（続柄）	生地	職業、年季、奉公先	縁付先
2.　新右衛門		男	50	新右衛門	当村	百姓	
		女	41	女房	当村（小右衛門　娘）		
		女	24	たん（子）親かかり			
		女	18	けさ（子）親かかり			
		女	13	せん（子）親かかり			
	2−①	男	34	都十郎	当村	百姓	
		女	25	女房	長沢村（三十郎　姉）		
		女	55	はな（都十郎　母）子にかかり			
	2−②	※男	47	九右衛門		年季奉公　3年　上津金村海岸寺	
		女	38	九右衛門　女房	当村（うし　姉）		
	外	女	21	長ま（新右衛門　娘）			下津金村　縁付
		女	30	たま（新右衛門　妹）			谷戸村　縁付
		男	32	重三郎（都十郎　弟）		年季奉公　3年　長沢村	
		男	42	三右衛門（新右衛門　弟）		年季奉公　3年　村山北割村	

D　（資料）『貞享三寅年　き里志たん穿鑿 [?]　樫山村』解読分析

戸No.名	添家外	性	年齢	氏名（続柄）	生地	職業、年季、奉公先	縁付先
3. 又左衛門		男	43	又左衛門	当村	百姓	
		女	41	又左衛門　女房	当村（市之蒸　娘）		
		女	16	みい（子）親かかり			
		女	10	せん（子）親かかり			
		女	4	けさ（子）親かかり			

戸No.名	添家外	性	年齢	氏名（続柄）	生地	職業、年季、奉公先	縁付先
4. 市之丞		男	70	市之丞	当村	百姓	
		女	66	市之丞　女房	村山西ノ割（加兵衛　娘）		
		女	21	てこ（子）親かかり			
	外	男	32	源蔵（市之丞　子）		年季奉公　1年　甲府□町	
		男	28	長五郎（市之丞　子）		年季奉公　3年　長沢村	

戸No.名	添家外	性	年齢	氏名（続柄）	生地	職業、年季、奉公先	縁付先
5. 庄次良		男	33	庄次良	当村	百姓	
		女	32	庄次良　女房	当村（善之蒸　娘）		
		男	28	作右衛門（弟）兄かかり			
		女	24	かめ（妹）兄かかり			
		女	22	つる（妹）兄かかり			

戸No.名	添家外	性	年齢	氏名（続柄）	生地	職業、年季、奉公先	縁付先
6. 傳右衛門		男	72	傳右衛門	当村	百姓	
		女	58	傳右衛門　女房	箕輪村（三良右衛門　姉）		
		男	21	市兵衛（子）親かかり			
		女	34	いと（傳右衛門　譜代下女）			
	6-①	男	39	弥左衛門	当村	百姓	
		女	28	弥左衛門　女房	当村（長九郎　妹）		
	6-②	※男	54	伴右衛門		年季奉 3年　北山筋宇津谷村善妙院	
		女	54	伴右衛門　女房	当村（権左衛門　姉）		
	6-③	※男	46	権右衛門		年季奉公 3年　上津金村海岸寺	
		女	33	権右衛門　女房	村山北割村 （小左衛門　妹）		
		女	51	はる　後家	当村（権右衛門　姉）		
	外	女	42	すて（傳右衛門　娘）			下津金村　縁付
		男	27	兵三郎（傳右衛門　子）			穴平村　養子
		女	39	けさ（権右衛門　妹）			比志村　縁付

戸No.名	添家外	性	年齢	氏名（続柄）	生地	職業、年季、奉公先	縁付先
7. 杢左衛門		男	39	杢左衛門	当村	百姓	
		女	32	杢左衛門　女房	村山西割村（庄兵衛　娘）		
		女	10	たん（子）親かかり			
		男	8	庄太（子）親かかり			
	7-①	男	24	三十良	当村	百姓	
		女	52	たづ（三十良　母）	長沢村（安兵衛　姉）		
	外	女	20	やす（三十良　妹）		年季奉公　3年　江草村	
		女	17	せち（三十良　妹）		年季奉公　6年　穴平村	

戸No. 名	添家 外	性	年齢	氏名（続柄）	生地	職業、年季、奉公先	縁付先
8. 源七郎		男	34	源七郎	当村	百姓	
		女	28	女房	当村（茂兵衛　娘）		
		男	9	長太（子）親にかかり			
		女	4	けい（子）親かかり			
		女	21	よし（下女）	当村（うし　姉）	年季奉公　3年	

戸No. 名	添家 外	性	年齢	氏名（続柄）	生地	職業、年季、奉公先	縁付先
9. 久兵衛		男	34	久兵衛	当村	百姓	
		女	24	女房	当村（六兵衛　娘）		
		女	3	たつ（子）親かかり			
		男	28	権十良（兄にかかり）			
		男	24	長四良（兄にかかり）			
		女	21	かめ（兄にかかり）			
		女	5	いぬ（娘）親かかり			
	9－①	男	57	新兵衛	当村	百姓	
		女	53	女房	村山西割村 （市左衛門　妹）		
		女	13	よし（子）親かかり			
		女	21	せん（娘）親にかかり			
	9－②	※男	32	勘十郎		年季奉公 3年　上津金村甚左衛門方へ	
	外	女	41	たん（久兵衛　姉）			下津金村　縁付
		女	31	いぬ（久兵衛　妹）			下津金村　縁付
		女	33	まつ（新兵衛　娘）			長沢村　縁付
		男	31	長十郎（新兵衛　子）		年季奉公　3年　村山西割村	
		男	28	次良八（新兵衛　子）		年季奉公　3年　甲府1条町	

戸No. 名	添家 外	性	年齢	氏名（続柄）	生地	職業、年季、奉公先	縁付先
10. 権左衛門		男	36	権左衛門	当村	百姓	
		女	32	女房	西出村（□兵衛　娘）		
		女	12	たん（娘）親かかり			
		男	10	源太（子）親かかり			
		男	8	三太（子）親かかり			
		男	31	権四郎（下人）		年季奉公 3年　当村　新右衛門方	

戸No. 名	添家 外	性	年齢	氏名（続柄）	生地	職業、年季、奉公先	縁付先
11. 長左衛門		男	74	長左衛門	当村	百姓	
		女	70	女房	谷戸村（□左エ門　妹）		
		男	36	杢右衛門（子）親かかり			
		女	32	杢右衛門女房	当村（市之丞　娘）		
		男	28	五良（長左衛門子）親かかり			
		女	8	とく（杢右衛門子）親かかり			

戸No. 名	添家 外	性	年齢	氏名（続柄）	生地	職業、年季、奉公先	縁付先
12. 角右衛門		男	68	角右衛門	当村	百姓	
		女	61	女房	長坂上条村（久兵衛　娘）		
		男	21	八蔵（子）親かかり			
		⼥	37	せん（娘）親かかり			
	12－①	男	78	道□	当村		
		女	73	女房	当村（喜左衛門　妹）		
	外	女	31	ひめ（角右衛門　娘）		年季奉公　3年　上津金村	
		女	26	つる（角右衛門　娘）		年季奉公　3年　下津金村	

D　（資料）『貞享三寅年　き里志たん穿鑿　?　樫山村』解読分析

戸No.名	添家外	性	年齢	氏名（続柄）	生地	職業、年季、奉公先	縁付先
13. 与五兵衛		男	45	与五兵衛	当村	百姓	
		女	35	女房	当村（うし　姉）		
		男	9	次良（子）親かかり			
		女	11	たん（子）親かかり			
	13-①	男	34	庄八郎	当村	百姓	
		女	33	女房	小池村（九左衛門　姉）		
		女	7	しも（娘）親かかり			
		女	21	とく（庄八郎方）兄にかかり			
	外	男	38	彦三郎（与五兵衛方）		村山東割村　吉左エ門方へ□ かじばん？	

戸No.名	添家外	性	年齢	氏名（続柄）	生地	職業、年季、奉公先	縁付先
14. 与左衛門		男	69	与左衛門	当村	百姓	
		女	62	女房	当村（勘之蒸　妹）		
		男	39	庄兵衛（子）親かかり			
		女	28	女房	浅川村（五右衛門　妹）		
		女	9	なつ（庄兵衛　子）			
		女	5	やま（庄兵衛　子）			
		男	34	庄九郎（与左衛門　子） 親かかり			
		女	23	庄九郎　女房	当村（うし　姉）		
		※男	26	長太（与左衛門　下人）		年季奉公 3年　当村　庄八郎方	
	14-①	女	42	甚之蒸　後家	西出村（彦右衛門　娘）		
		女	14	うし（子）母にかかり			
	外	男	33	半十郎（うし　兄？）		年季奉公　2年　長沢村	

戸No.名	添家外	性	年齢	氏名（続柄）	生地	職業、年季、奉公先	縁付先
15. 惣十郎		男	37	惣十郎	当村	百姓	
		女	24	女房	当村（長左衛門　娘）		
		男	33	源三郎（兄にかかり）			
		男	18	五郎（親にかかり）			
	外	女	26	けさ（惣十郎　妹）			浅川村　縁付
		男	23	惣三郎（惣十郎　弟）		年季奉公　3年　浅川村	
		女	38	あき（惣十郎　姉）		年季奉公　3年　蔵原村	

戸No.名	添家外	性	年齢	氏名（続柄）	生地	職業、年季、奉公先	縁付先
16. 傳兵衛		男	42	傳兵衛	当村	百姓	
		女	41	女房	当村（兵左衛門　妹）		
		女	5	ひち（子）親かかり			
		女	3	つる（子）親かかり			

戸No.名	添家外	性	年齢	氏名（続柄）	生地	職業、年季、奉公先	縁付先
17. 安兵衛		男	51	安兵衛	当村	百姓	
		女	50	女房	小尾村（市左衛門　娘）		
		女	11	くに（子）親かかり			
	17-①	※男	54	久右衛門		年季奉公　1年　下津金村	
		女	51	久右衛門女房	小尾村（庄兵衛　娘）		
		女	13	はつ（娘）親かかり			
	外	女	19	くり（久右衛門　娘）		年季奉公　6年　信州原村	
		女	31	やす（久右衛門　娘）		年季奉公　3年　上津金村	
		女	24	むす（久右衛門　娘）		年季奉公　3年　浅川村	
		女	22	はる（久右衛門　娘）		年季奉公　3年　信州川平村	
		女	20	ふく（安兵衛　子）		年季奉公　6年　信州本間村	

戸 No.名	添家外	性	年齢	氏名（続柄）	生地	職業、年季、奉公先	縁付先
18.惣兵衛		男	45	惣兵衛	当村	百姓	
		女	33	女房	当村（作兵衛　娘）		
		男	7	半十（子）親かかり			
		男	4	才三（子）親かかり			
	外	男	34	孫十郎（同人　弟）		年季奉公　3年　下津金村	

戸 No.名	添家外	性	年齢	氏名（続柄）	生地	職業、年季、奉公先	縁付先
19.兵左衛門		男	47	兵左衛門	当村	百姓	
		女	35	女房	村山西割村（市兵衛　娘）		
		男	15	庄太（子）親かかり			
		男	34	惣左衛門（同人　弟）兄かかり			
		女	30	惣右衛門　女房	当村（権三郎　妹）		
		女	3	ふぢ（惣右衛門　娘）			
	19－①	男	29	平十郎	当村	百姓	
		女	59	はつ（平十郎　母）子にかかり			
		女	17	はる（妹）兄かかり			
	外	女	24	けさ（兵左衛門　妹）		年季奉公　10年　信州余地村	
		男	17	太郎（兵左衛門　譜代下人）		年季奉公　10年　信州板橋村	
		女	37	ふぢ（平十郎　姉）		年季奉公　3年　谷戸村	
		女	23	たづ（平十郎方）		年季奉公3年　若神子新町村	

戸 No.名	添家外	性	年齢	氏名（続柄）	生地	職業、年季、奉公先	縁付先
20.作兵衛		男	54	作兵衛	当村	百姓	
		女	53	女房	当村（与兵衛　娘）		
		男	27	兵三郎（子）親かかり			
		女	17	はつ（娘）親かかり			
		女	6	かめ（娘）親かかり			
	20－①	男	40	権三郎	当村	百姓	
		女	24	女房	当村（作兵衛　娘）		
		男	36	兵九郎（弟）兄かかり			
	外	女	38	まつ（権三郎　妹）			長沢村　縁付

戸 No.名	添家外	性	年齢	氏名（続柄）	生地	職業、年季、奉公先	縁付先
21.吉兵衛		男	37	吉兵衛	当村	百姓	
		女	24	女房	上津金村（甚左衛門　娘）		
		※男	46	庄左衛門（　　　下人）	当村	年季奉公　3年	
		男	70	□左衛門（親）		隠居	
		女	63	□左衛門女房	西出村（市之蒸　姉）		
		男	39	長作（□左衛門譜代　下人）			
		女	38	長作女房	小尾村（惣兵衛　下女）		
	21－①	男	35	長九郎	当村	百姓	
		女	21	女房	当村（半兵衛　娘）		

戸No.名	添家外	性	年齢	氏名（続柄）	生地	職業、年季、奉公先	縁付先
22. 又兵衛		男	45	又兵衛	当村	百姓	
		女	38	女房	西出村（五郎左衛門　娘）		
		女	16	はな（子）親かかり			
		男	13	金十（子）親かかり			
		女	10	みの（子）親かかり			
		男	5	参三（子）親かかり			
		女	24	ひめ（下女）	当村（久左衛門　娘）	年季奉公　3年	
		男	24	興四郎良（下人）		年季奉公 3年　当村　平右衛門方	
	22-①	男	55	甚右衛門	当村	百姓	
		女	51	女房	小尾村（甚兵衛　娘）		
		女	8	とく（子）親かかり			
	外	男	28	長十郎（甚右衛門　子）		年季奉公　3年 浅川村常蔵院	
		女	23	とね（甚右衛門　子）		年季奉公　8年　信州平沢村	
		女	18	なつ（甚右衛門　子）		年季奉公　10年　下津金村	

戸No.名	添家外	性	年齢	氏名（続柄）	生地	職業、年季、奉公先	縁付先
23. 半左衛門		男	42	半左衛門	当村	百姓	
		女	37	女房	当村（市之蒸　娘）		
		女	10	まつ（子）親かかり			
		女	3	むす（子）親かかり			
	23-①	男	53	次郎兵衛	当村	百姓	
		女	47	女房	当村（半左衛門　姉）		
		女	18	ひさ（子）親かかり			
		男	15	長太（子）親かかり			
	外	女	13	ひち（半左衛門　子）		年季奉公　8年　長沢村	
		女	35	ふく（次郎兵衛　妹）			信州平沢村 縁付
		男	22	彦三郎（次郎兵衛　子）		年季奉公　3年　浅川村	

戸No.名	添家外	性	年齢	氏名（続柄）	生地	職業、年季、奉公先	縁付先
24. 善之蒸		男	58	善之蒸	当村	百姓	
		女	42	女房	浅川村（太兵衛　姉）		
		女	19	やま（子）親かかり			
		女	10	るす（子）親かかり			
	外	女	24	ふみ（娘）			浅川村孫之蒸方 縁付
		男	26	平十郎（子）		年季奉公　1年　下津金村	

戸No.名	添家外	性	年齢	氏名（続柄）	生地	職業、年季、奉公先	縁付先
25. 平右衛門		男	48	平右衛門	当村	百姓	
		女	42	女房	浅川村（加兵衛　娘）		
		女	2	かめ（娘）親かかり			
	外	男	35	平八郎（平右衛門　弟）			婿移籍 下津金村
		男	32	才十郎（平右衛門　弟）		年季奉公　3年　信州板橋村	
		女	21	はる（妹）		年季奉公　3年　浅川村	

戸No.名	添家外	性	年齢	氏名（続柄）	生地	職業、年季、奉公先	縁付先
26. 彦右衛門		男	70	彦右衛門	当村	百姓	
		女	45	女房	渋沢村（喜右衛門　娘）		
		女	24	かぢ（子）親かかり			
		女	13	やま（子）親かかり			
		女	9	ひつ（子）親かかり			
	26-①	女	35	里兵衛　後家	当村（半左衛門　妹）		
		女	11	ごん（里兵衛　子）母かかり			
	外	女	38	せん（彦右衛門　娘）			穴平村　縁付
		女	26	つる（彦右衛門　娘）			浅川村　縁付

戸No.名	添家外	性	年齢	氏名（続柄）	生地	職業、年季、奉公先	縁付先
27. 仁兵衛		男	69	仁兵衛	当村	百姓	
		女	68	女房	小尾村（甚左衛門　娘）		
		男	26	次兵衛（子）親かかり			
		女	22	次兵衛　女房	当村（作兵衛　娘）		
	27-①	男	32	孫右衛門	当村	百姓	
		女	28	女房	当村（喜右衛門　娘）		
		女	2	うし（子）親かかり			
	27-②	男	71	喜左衛門	当村	百姓	
		女	71	女房	５丁田村 （加左衛門　娘）		
		男	22	孫十郎（子）親かかり			
	外	女	38	るす（喜左衛門　娘）		年季奉公　３年　上津金村	

戸No.名	添家外	性	年齢	氏名（続柄）	生地	職業、年季、奉公先	縁付先
28. 庄左衛門		女	41	庄左衛門　女房	当村（甚右衛門　娘）		
		女	8	なつ（庄左エ門　娘）親かかり			
	外	男	23	源助（庄左エ門　子）		年季奉公　２年　□□村	
		女	14	うし（庄左エ門　子）		年季奉公　３年　小倉村	

戸No.名	添家外	性	年齢	氏名（続柄）	生地	職業、年季、奉公先	縁付先
29. 六兵衛		男	51	六兵衛	当村	百姓	
		女	35	女房	穴平村（彦之蒸　姉）		
		女	10	とく（子）親かかり			
	29-①	男	45	四良兵衛	当村	百姓	
	※女	39	かめ（四良兵衛　女房）	？	年季奉公　３年 上津金村権左衛門方	
	29-②	女	51	次左衛門　後家	小尾村（六兵衛　娘）		
		女	21	くら（娘）母かかり			
		女	18	よし（娘）母かかり			
	外	女	17	よめ（六兵衛　娘）			浅川村権之蒸 縁付
		男	21	市兵衛（六兵衛　子）	？甲府川尻町		
		男	14	公蔵（四良兵衛　子）		年季奉公　６年　甲府和田	

戸 No. 名	添家 外	性	年齢	氏名（続柄）	生地	職業、年季、奉公先	縁付先
30. 半兵衛		男	46	半兵衛	当村	百姓	
		女	39	女房	当村（与右ヱ門　娘）		
		女	17	なつ（子）親かかり			
		女	9	あき（子）親かかり			
	30-①	男	44	市右衛門	当村	百姓	
		女	56	市右衛門　母	当村（庄左衛門　姉）		
	外	男	31	弥左衛門（市右衛門　弟）		年季奉公　3年　甲府三日町	
		男	29	長三郎（市右衛門　弟）		年季奉公 　3年　甲府善光寺町	
		女	26	長め（市右衛門　妹）		年季奉公　3年　甲府柳町	

戸 No. 名	添家 外	性	年齢	氏名（続柄）	生地	職業、年季、奉公先	縁付先
31. 大楽院		男	53	大楽院	※浅川村当山常蔵院け さ下　但し妻子宗旨改 手形之義ハ大楽院方へ 取り置き申し何時成共 御用次第持上ゲ申可候	山伏	

戸 No. 名	添家 外	性	年齢	氏名（続柄）	生地	職業、年季、奉公先	縁付先
32. 泉福寺		男	60	泉福寺	※逸見筋上津金村海岸 寺末寺　当村　禅宗	住職	

2．添家 ― 数、男女別年齢構成

※年季奉公により他出中の者

添家持戸No. 戸主名	添家数	戸No. ―○添家	家族人数	（男女別）	年齢構成
1.　茂兵衛	3	1.―①	6	男　　2	38、66
				女　　4	37、12、9、55
		1.―②	1	女　　1	50
		1.―③	3	男　※1	41
				女　　2	32、8
2.　新右衛門	2	2.―①	3	男　　1	34
				女　　2	25、55
		2.―②	2	男　※1	47
				女　　1	38
6.　傳右衛門	3	6.―①	2	男　　1	39
				女　　1	28
		6.―②	2	男　※1	54
				女　　1	54
		6.―③	3	男　※1	46
				女　　2	33、51
7.　杢ざ衛門	1	7.―①	2	男　　1	24
				女　　1	52
9.　九兵衛	2	9.―①	4	男　　1	57
				女　　3	53、13、21
		9.―②	1	男　※1	32
12.　角右衛門	1	12.―①	2	男　　1	78
				女　　1	73
13.　与五兵衛	1	13.―①	4	男　　1	34
				女　　3	33、7、21
14.　与左衛門	1	14.―①	2	女　　2	42、14
17.　安兵衛	1	17.―①	3	男　※1	54
				女　　2	51、13
19.　兵左衛門	1	19.―①	3	男　　1	29
				女　　2	59、17
20.　作兵衛	1	20.―①	3	男　　2	40、36
				女　　1	24
21.　吉兵衛	1	21.―①	2	男　　1	35
				女　　1	21
22.　又兵衛	1	22.―①	3	男　　1	55
				女　　2	51、8
14.　半左衛門	1	23.―①	4	男　　2	53、15
				女　　2	47、18
26.　彦右衛門	1	26.―①	2	女　　2	35、11
27.　仁兵衛	2	27.―①	3	男　　1	32
				女　　2	28、2
		27.―②	3	男　　2	71、22
				女　　1	71
29.　六兵衛	2	29.―①	2	男　　1	45
				女　※1	39
		29.―②	3	女　　3	51、21、18
30.　半兵衛	1	30.―①	2	男　　1	44
				女　　1	56

添家持は32戸中18戸、全添家数26

添家　3家持ち　　2戸（No1．6．）

　　　2家持ち　　4戸（No2．9．27．29．）

　　　1家持ち　12戸（No7．12．13．14．17．19．20．21．22．23．26．30．）

D　（資料）『貞享三寅年　き里志たん穿鑿 ? 　樫山村』解読分析

３．人口 ── 全戸の男女別人口、年齢構成

（　）内は年齢

年齢	男 人数		女 人数		合計人数
７０歳以上	(70、78、70、70、74、70、71)	7	(70、73、71)	3	10
６０−６９		5		5	10
５０−５９		12		16	28
４０−４９		17		12	29
３０−３９		32		35	67
２０−２９		25		39	64
１０−		8		31	39
９歳以下	(8、9、8、9、7、4、5)　　　　　7		(2、9、8、4、4、3、5、8、7、9、5、5、3、3、6、8、3、2、9、2、8、9)　　　　22		29
合計		113		163	276

貞享３年（1688）

樫山村32戸　276人（男113人、女163人）

※本文最後文には、人数合　205人、外　18人は縁付　50人は奉公人とあり、合わせて273人になる。

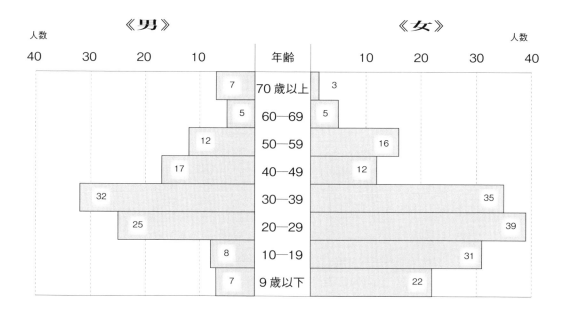

- 186 -

４．縁付き ── 年齢、縁付先、養子移籍先

※添家に「縁付き」記載なし

縁付き	戸No.	年齢	縁付き先	養子婿移籍先
１８人	１．外	31	蔵原村	
	１．外	41	江草村	
	２．外	21	下津金村	
	２．外	30	谷戸村	
	６．外	42	下津金村	
	６．外	27		兵三郎　　養子　穴平村
	６．外	39	比志村	
	９．外	41	下津金村	
	９．外	31	下津金村	
	９．外	33	長沢村	
	１５．外	26	浅川村	
	２０．外	38	長沢村	
	２３．外	35	信州平沢村	
	２４．外	24	浅川村　孫之丞	
	２５．外	35		平八郎　　婿移籍　下津金村
	２６．外	38	穴平村	
	２６．外	26	浅川村	
	２９．外	17	浅川村　権之丞	
合計　　１８人				

縁付き　１８人の内　　　縁付き先　村別　下津金村　　　５
　　嫁入り（女）　１６人　　　　　　　　　浅川村　　　　４　（内移籍　１）
　　養子（男）　　　１人　　　　　　　　　穴平村　　　　２　（内養子　１）
　　移籍（男）　　　１人　　　　　　　　　長沢村　　　　２
　　　　　　　　　　　　　　　　　　　　　信州平沢村　　１
　　　　　　　　　　　　　　　　　　　　　比志村　　　　１
　　　　　　　　　　　　　　　　　　　　　蔵原村　　　　１
　　　　　　　　　　　　　　　　　　　　　谷戸村　　　　１
　　　　　　　　　　　　　　　　　　　　　江草村　　　　１

５．女房 ── 年齢、婚入元出身村

番号	戸No.戸主名	戸No. ─○添家	年齢	婚入元出身村	備考
1	１．茂兵衛	１．	50	夏秋村	
2		１．	22	箕輪村	
3		１．─①	37	当村	長次郎　妹
4		１．─①	55	当村	喜左衛門　娘
5		１．─②	50（後家）	当村	新兵　妹
6		１．─③	32	小尾村	
7	２．新右衛門	２．	41	当村	小右衛門　娘
8		２．─①	25	長沢村	
9		２．─②	38	当村	うし　姉
10	３．又左衛門	３．	41	当村	市之蒸　娘
11	４．市之蒸	４．	66	村山西割村	
12	５．庄次郎	５．	32	当村	善之蒸　娘
13	６．傳右衛門	６．	58	箕輪村	
14		６．─①	28	当村	長九郎　妹
15		６．─②	54	当村	権左衛門　姉
16		６．─③	33	村山北割村	
17		６．─③	51（後家）	当村	権右衛門　姉
18	７．夲左衛門	７．	32	村山西割村	
19		７．─①	52	長沢村	
20	８．源七郎	８．	28	当村	茂兵衛　娘
21	９．久兵衛	９．	24	当村	六兵衛　娘
22		９．─①	53	村山西割村	
23	１０．権左衛門	１０．	32	西出村	
24	１１．長左衛門	１１．	70	谷戸村	
25		１１．	32	当村	市之蒸娘
26	１２．角右衛門	１２．	61	長坂上条村	
27		１２．─①	73	当村	喜左衛門　妹
28	１３．与五兵衛	１３．	35	当村	うし　姉
29		１３．─①	33	小池村	
30	１４．与左衛門	１４．	62	当村	勘之蒸
31		１４．	28	浅川村	
32		１４．	23	当村	うし　姉
33		１４．─①	42（後家）	西出村	
34	１５．惣十郎	１５．	24	当村	長左衛門　娘
35	１６．傳兵衛	１６．	41	当村	兵左衛門　妹
36	１７．安兵衛	１７．	50	小尾村	
37		１７．─①	51	小尾村	
38	１８．惣兵衛	１８．	33	当村	作兵衛　娘
39	１９．兵左衛門	１９．	35	村山西割村	
40		１９．	30	当村	権三郎　妹
41		１９．─①	59	※記載なし	

42	２０．作兵衛	２０．	53	当村	与兵衛　　娘
43		２０．－①	24	当村	作兵衛　　娘
44	２１．吉兵衛	２１．	24	上津金村	
45		２１．	63	西出村	
46		２１．	38	小尾村	
47		２１．－①	21	当村	半兵衛　　娘
48	２２．又兵衛	２２．	38	西出村	
49		２２．－①	51	小尾村	
50	２３．半ざ衛門	２３．	37	当村	市之蒸　　娘
51		２３．－①	47	当村	半ざ衛門　姉
52	２４．善之蒸	２４．	42	浅川村	
53	２５．平右衛門	２５．	42	浅川村	
54	２６．彦右衛門	２６．	45	渋沢村	
55		２６．－①	35（後家）	当村	半左衛門　妹
56	２７．仁兵衛	２７．	68	小尾村	
57		２７．	22	当村	作兵衛　　娘
58		２７．－①	28	当村	喜左衛門　娘
59		２７．－②	71	五丁田村	
60	２８．庄左衛門	２８．	41	当村	勘右衛門　娘
61	２９.六兵衛	２９．	35	穴平村	
62		２９．－①	39	不明（年季奉公中）	
63		２９．－②	51（後家）	小尾村	
64	３０．半兵衛	３０．	39	当村	与右エ門　娘
65		３０．－①	56（　母）	当村	庄左エ門　姉
66	３１．大楽院				
67	３２．泉福寺				

女房　婚入元出身村内訳

当村	３２	49.2％
小尾村	7	10.8
西出村	4	
村山西割	4	
浅川村	3	
箕輪村	2	
長沢村	2	
夏秋村、村山北割、谷戸村、 長坂上条村、小池村、上津金村 渋沢村、五町田村、穴平村	9	
不明（年季奉公中）	1	
※記載なし	1	

合計　６５人

6．奉公、下人、下女 ── 男女別年齢、年季、奉公先

戸No.	戸、添家外	男　年齢	女　年齢	年季	奉公先
1.	1．−外	33		？	甲府横沢町
	1．−外	29		3	甲府3日町
	1．−外		24	6	信州平沢村
	1．−③	※41		2	信州平沢村
2.	2．−②	※47		3	上津金村海岸寺
	2．−外	32		3	長沢村
	2．−外	42		3	村山北割村
3.					
4.	4．−外	32		1	甲府□町
	4．−外	28		3	長沢村
5.					
6.	6．−②	※54		3	北山筋宇津谷村善妙院
6.	6．−③	※46		3	上津金村海岸寺
7.	7．−外		20	3	江草村
7.	7．−外		17	6	穴平村
8.	8.		下女　21	3	当村〈うし　姉〉
9.	9．−外	31		3	村山西割村
	9．−外	28		3	甲府一条町
	9．−②	※32		3	上津金村
10.	10.	下人　31		3	当村　新右衛門方
11.					
12.	12．−外		31	3	上津金村
	12．−外		26	3	下津金村
13.	13．−外	38		？	村山東割村　吉左エ門方 へかじばん
14.	14.	下人　26		3	当村　庄八郎方
	14．−外	33		2	長沢村
15.	15．−外	23		3	浅川村
	15．−外		38	3	蔵原村
16.					
17.	17．−①	※54		1	下津金村
	17．−外		19	6	信州原村
	17．−外		31	3	上津金村
	17．−外		24	3	浅川村
	17．−外		22	3	信州川平村
	17．−外		20	6	信州本間村

18.	18.－外	34		3	下津金村
19.	19.－外		24	10	信州余地村
19.	19.－外	譜代下人　17		10	信州板橋村
19.	19.－外		37	3	谷戸村
19.	19.－外		23	3	若神子新町村
20.					
21.	21.	下人　46		3	当村
22.	22.		下女　24	3	当村〈久左衛門　娘〉
	22.	下人　24		3	当村　平右衛門方
	22.－外	28		3	浅川村常蔵院
	22.－外		23	8	信州平沢村
	22.－外		18	10	下津金村
23.	23.－外		13	8	長沢村
	23.－外	22		3	浅川村
24.	24.－外	26		1	下津金村
25.	25.－外	32		3	信州板橋村
	25.－外		21	3	浅川村
26.					
27.	27.－外		38	3	上津金村
28.	28.－外	23		2	（　　筋記載なし）□大村
	28.－外		14	3	小倉村
29.	29.－外	21		?	甲府川尻町
	29.－①		※女房　39	3	上津金村
	29.－外	14		6	甲府和田
30.	30.－外	31		3	甲府三日町
	30.－外	29		3	甲府善光寺町
	30.－外		26	3	甲府柳町
31.					
32.					
全32戸		32人	24人		

D　(資料)『貞享三寅年　き里志たん穿鑿 ? 　樫山村』解読分析

奉公人、下人、下女、奉公先内訳

奉公人	男　32 人		女　24 人		
内訳	※家長 下人 譜代下人 その他	6 4 1 2 1	※女房 下女 その他	1 2 2 1	※奉公人無　8戸 （No. 3．5．11．16. 　20．26．31．32.）

奉公先村内訳		男	女	備考
甲府		8	1	
村山	西割・北割・ 東割かじばん	3		
下津金村		3	2	
上津金村・海岸寺		2		
上津金村		1	4	（内1は、女房が奉公）
浅川村		3	2	
長沢村		3	1	
信州	板橋村	譜代下人（1人）2		
信州	平澤村	1	2	
信州	原、川平、 本間、余地		4	（各村1人）
江草村			1	
穴平村			1	
蔵原村			1	
若神子新町村			1	
谷戸村			1	
小倉村（こげえむら）			1	
北山筋宇津谷村善妙院		1		
当村		下人　4	下女　2	
不明（□大村）		1		
計		32 人	24 人	

※本文最後文には奉公人 50 人とある（下人 4 人、下女 2 人除か）

おわりに

　全体の解読文は一覧表に整理して「1．戸および構成一覧」として示した。そして、解読一覧表に基づき、樫山村の貞享三年時における戸・添家・家族および婚出・婚入、奉公・下人・下女等について、そして近隣社会との交流地域圏、また人口構成についての分析結果を示した。これら結果から新たな課題も見えて来た。当時の社会と生活、暮らしを知るための新たな資料となる。

結　語

「地名考」「御水帳」「聞取り調査」を基に近世の樫山村・浅川村について見た。樫山村・浅川村に関する文書資料の主は『甲斐国志』始め、その後に著わされた『社記・寺記』『社寺名鑑』『峡北神社誌』などに記された事項を大いに参考資料とした。その経過の中で、いくつかの新たな知見が得られ、また、発見もあった。その中の一つに、『国志』の記事について（『国志』以後の主な「歴史書」は、殆ど『国志』を踏襲していることが見られた）、「地名考」「御水帳」「聞取り調査」からの新たな結果と照らして見た時に、疑問点や間違い箇所も見られた。また、『国志』を踏襲している「歴史書」の記述内容の疑問点、伝承と「歴史書」記述のずれ、なども発見された。

　本稿は、樫山村・浅川村を通して近世の「村」および「村」成立過程をテーマにした序論である。主に文書解読分析結果を一次資料として提示し次の段階の研究資料に繋げるものである。考察の仮説的見解、新たに得られた知見や発見は今後の課題になる。

　なお、Dの資料『貞享三寅年　き里志たん穿鑿 ? 　樫山村』（1686年）については現在のところ樫山村で唯一の宗門帳である。解読と文責結果（一部分）のみ掲載した。

付記）古文書資料の所在、入手について

⑴『寛文六年　甲州逸見筋浅川村御水帳』5冊の内4冊目欠について

　慶長・寛文の樫山村および浅川村「御水帳」については、山梨県立博物館所蔵のマイクロフィルム資料によるが、この内の『寛文六年　甲州逸見筋浅川村御水帳』は5冊の内の4冊目が欠であった。これについて『高根町地名誌』（高根町郷土研究会編　1990）では全冊の「御水帳」が記され当時は存在していたことになる。文責者の一人である大柴宏之氏（埼玉県在住）によると"当時、谷口氏が持参していた「御水帳」のコピーを基に調査研究を行った、谷口氏が原本からコピーしてきたと思うがこの時、原本の所在やコピーの件を話す機会がなかった"という（※谷口氏については『甲州・樫山村の歴史と民俗　II』の270頁を参照されたい）。そこで、後日、原本について当時の関係者や谷口氏が所蔵していた遺品の中の古書など尋ね、当たってみたが不明状態であった。

⑵山梨県立博物館所蔵文書の閲覧について

　古文書資料所在探索や閲覧入手は困難で苦労する。例えば山梨県立博物館所蔵文書の場合には、次の手順により閲覧・複写が可能になる。

　1．「歴史資料等閲覧申請書」を貰い

　2．提出する

３．数日後「歴史資料等閲覧決定通知書」が届き

４．博物館に行き閲覧可となる

複写が必要なときは、

５．「歴史資料等撮影申請書」を提出し許可を待つ

６．数日後「撮影決定通知書」が届く（許可の時）

７．博物館に行き撮影する（資料により職員が揃える場合もある）。撮影は有料で学術研究目的の資料は１点１日につき 480 円、出版等の収入を伴う資料は１点１日につき 6,150 円を支払う。

　以上、１．から７．の手順は、全国的に同様かどうか未調査だが、文書資料の閲覧申請から撮影人手までに要する人数は最短で 10 日要する。因みに今回は、往復日数２日と交通費（汽車・タクシーで片道２時間要）、撮影費用の 10 点約５千円を要した。なお、石和にある博物館は甲府の図書館とは離れた交通不便な地にある。このような学術研究の現状を記して置くことも歴史上の参考になると考え書き添えておく。

おわりに（謝辞）

　『高根町地名誌』（高根町郷土研究会編　1990）清里地区の執筆担当の大柴宏之氏には欠冊分「御水帳」を探し尋ね廻ることなどで御足労いただき、また、質問し御助言をいただき大変お世話になりましたことを厚く御礼申し上げます。

　また、高根町郷土研究会の会員の皆様とのお付き合いの中からも（筆者は平成 29 年から「高根町郷土研究会」に入会）示唆をいただき、そして、なお高根町郷土研究会の安達満先生には、度々質問電話で煩わせ、近世の逸見筋旧村について歴史的展望、検地、入作など多々御教授いただきましたことを深く感謝し、御礼申し上げます。

　最後に、鳥影社には出版にあたり大変お世話になりましたことを感謝申し上げます。ありがとうございました。

文献

文献（刊行順）

・北村　徹編発行　1904　『日本神社名鑑』

・山梨県志編纂会編発行　1916　『若尾資料』３．

・南佐久郡役所篇　1919　『南佐久郡誌』南佐久郡役所

・日吉大社　1930　『官幣大社　日吉神社関係明細帳』日吉大社社務所

・萩原頼平　1933　『甲斐志料集成三』甲斐志料刊行会

・長野県編纂発行　1936　『長野県町村誌』東信篇

・笹村草家人　1943　「甲州清里村覚書」『民間伝承』九巻６、７合併号

・赤岡重樹編　1951　『甲斐郷土年表便覧』

・花輪正徳　1959　「近世初期検地と村落構造」『甲斐史学』六,

・小沢猪太郎編　1962　『峡北神社誌』峡北神社総代会

・島崎博則編　1966　『山梨縣市郡村誌』　歴史図書社

・山梨県立図書館編・発行　1967 〜 69（1868 提出）『甲斐国社記・寺記』（第一〜四巻）

・荻原三七彦・柴辻俊六編著　1968　『甲州古文書　第二巻』角川書店

・斎藤典男　1969　「初期宗門帳にみえる檀家制度について──寛文六年巨摩郡西郡筋鮎沢村
　　　　『幾里志丹穿鑿宗門改帳』を例として」『甲斐路』16 号 11 月　山梨郷土研究会

・服部初則　1974　「近世初頭武士集団における親族関係──特に甲州津金衆における」磯貝正
　　　　義・村上直共編『甲斐近世史の研究　上』雄山閣

・柴辻俊六　1974　「甲斐国における近世的村落の展開過程」磯貝正義・村上直『甲斐近世史の
　　　　研究　上』雄山閣

・大館右喜　1975　「近世初期における農民層の存在形態──甲斐国逸見筋を中心として──」
　　　　『徳川林政史紀要』

・林　貞夫　1976　『新修　甲州法制史　第四巻』中央大学出版部

・山梨県編纂　1979 撮影（明治 7 年〜 13 年調査のもの）『山梨県地誌稿』山梨県立図書館蔵

・山梨県総務部地方課編　1980　『山梨県地名鑑』　山梨県

・服部治則　1981　「甲斐の検地」『甲斐史学』創刊号

・高根町　1984　『高根町誌──民間信仰と石造物編』

・山梨県教育委員会文化課編　1985　『佐久往還』山梨県教育委員会

・南佐久郡南牧村編纂委員会編　1986　『南牧村誌』

・念場ヶ原山恩賜林保護財産区沿革誌編集委員会企画・編集　1988『念場ヶ原山恩賜林保護財
　　　　産区沿革誌』

・高根町編　1990　『高根町史』高根町

・高根町郷土研究会編　1990　大柴宏之・谷口彰男「清里村」『高根町地名誌』高根町

・山梨郷土研究会編　1992　『山梨郷土史研究入門』山梨日日新聞社

・水原康道　1993「真教寺系図」『甲斐路』76 号

・木村礎・藤野保・村上直編　1995　『藩史大事典　第三巻　中部編』　雄山閣出版

・藤木久志　1997　『戦国の村を行く』朝日選書

・佐藤八郎校訂　1998　『甲斐国志』全五巻　大日本地誌大系㊹－㊽　雄山閣

・正岡寛司・藤見紀子・嶋崎尚子　2005　「近代農民の世帯と個人の動態的な理解のために」秋谷信義・鎌田浩・平松紘『戸籍と身分登録』早稲田大学出版会

・山梨県編　2006　『山梨県史　通史編3』山梨県

・北村　宏　2010　『八ヶ岳山麓の修験寺院（その2）』私家版

・大柴弘子　2011　『甲州・樫山村の歴史と民俗』鳥影社

・山梨県　2012　『山梨県恩賜林県財産区御下賜百年記念誌』

・恩賜林御下賜百年記念誌編さん委員会編　2012　『北杜市高根財産区恩賜林御下賜百年記念誌』北杜市高根財産区

・北村　宏　2017　『八ヶ岳南麓の湧水と水神』私家版

・大柴弘子　2017　『甲州・樫山村の歴史と民俗　Ⅱ』鳥影社

・安達　満　2018　「ふるさと探検清里地区二題──浅川の上様御城跡と清里村の名付親と誕生日」『郷土高根』第35号

〈著者紹介〉

大柴弘子（おおしば　ひろこ）

1941 年生まれる。
1944〜1959 年、清里村（樫山村）在住。
1962 年日本国有鉄道中央鉄道病院看護婦養成所、1966 年埼玉県立
女子公衆衛生専門学院、1977 年武蔵大学人文学部社会学科、各卒。
1994-2002 年東京都立大学大学院修士課程卒、同大学院博士課程
単位取得退学（社会人類学専攻）。
職歴：大宮鉄道病院、佐久総合病院健康管理部および日本農村医
学研究所、南相木村、信州大学医療技術短期大学部（看護学）、
神奈川県社会保険協会健康相談室、昭和大学保健医療学部兼任講
師（医療人類学）、各勤務。社会保険横浜中央看護専門学校、東京
女子医科大学看護短期大学、厚生省看護研修研究センター等非常
勤講師。現在、湖南治療文化研究所主幹（保健師、医学博士）。

甲州・樫山村の歴史と民俗　III

近世の樫山村・浅川村および「村」成立過程　序
　　—「地名考」「文書・御水帳分析」「聞取り調査」から—

定価（本体 2200 円＋税）

乱丁・落丁はお取り替えします。

2019 年 12 月 27 日初版第 1 刷印刷
2020 年　1 月　1 日初版第 1 刷発行
著　者　大柴弘子
発行者　百瀬精一
発行所　鳥影社 (www.choeisha.com)
〒160-0023　東京都新宿区西新宿 3-5-12 トーカン新宿 7F
電話　03(5948)6470, FAX 03(5948)6471
〒392-0012　長野県諏訪市四賀 229-1 （本社・編集室）
電話 0266(53)2903, FAX 0266(58)6771
印刷・製本　モリモト印刷
© Hiroko Oshiba　2020 printed in Japan
ISBN978-4-86265-773-2　C0021

『甲州・樫山村の歴史と民俗』シリーズ

甲州・樫山村の歴史と民俗
――調査資料・解説・覚書――

古の奈良・平安時代からの伝承が残る樫山の地名は、2004年北杜市の誕生にともない、地図上から消えた。貴重な歴史を後世に伝えようと、著者の郷土愛が本書を完成させた。

※「樫山」の地名消去は、正しくは1964年7月からである。その経過は『甲州・樫山村の歴史と民俗Ⅱ』に記した。

鳥影社刊　四六判　204頁　ISBN978-4-86265-272-0　本体1800円

甲州・樫山村の歴史と民俗Ⅱ
――年中行事・お筒粥・お神楽・
　　　山王権現・訂正と再考――

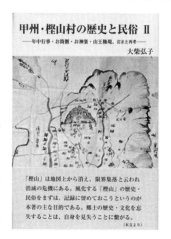

「樫山」は地図上から消え、限界集落と云われ消滅の危機にある。風化する「樫山」の歴史・民俗をまずは、記録に留めておこうというのが本著の主な目的である。
郷土の歴史・文化を忘失することは、自身を見失うことに繋がる。

鳥影社刊　四六判　284頁　ISBN978-4-86265-608-7　本体1800円